珍藏本·增订本

纪念版

汉译世界学术名著丛书

新政治科学

〔美〕埃里克·沃格林 著

段保良 译

商务印书馆
SINCE 1897
The Commercial Press

Eric Voegelin

THE NEW SCIENCE OF POLITICS

中译本根据芝加哥大学出版社 1987 年版译出

汉译世界学术名著丛书
（120 年纪念版·珍藏本）
增订本出版说明

2017 年 10 月，为纪念商务印书馆创立 120 周年，本馆推出“汉译世界学术名著丛书”（120 年纪念版·珍藏本），计七百种。近五六年来，仰赖学界同人倾力支持，订正旧译，增补新译，拓展新著，积累日多。为满足读者需要，本馆在七百种的基础上，继续推出“汉译世界学术名著丛书”（120 年纪念版·珍藏本·增订本）三百种。至此，“汉译世界学术名著丛书”累计出版已达千种。

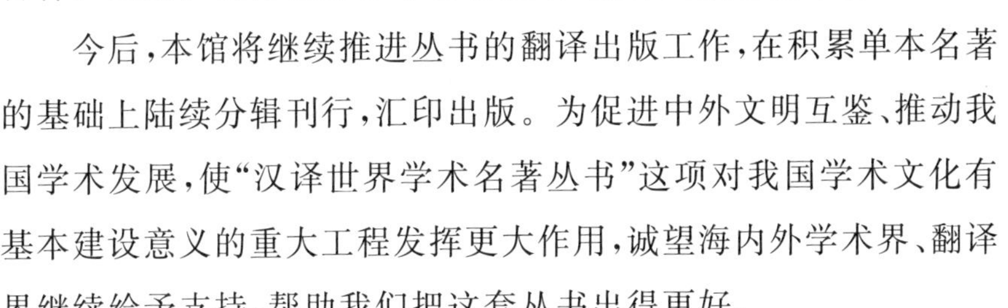
今后，本馆将继续推进丛书的翻译出版工作，在积累单本名著的基础上陆续分辑刊行，汇印出版。为促进中外文明互鉴、推动我国学术发展，使“汉译世界学术名著丛书”这项对我国学术文化有基本建设意义的重大工程发挥更大作用，诚望海内外学术界、翻译界继续给予支持，帮助我们把这套丛书出得更好。

商务印书馆编辑部

2024 年 2 月

汉译世界学术名著丛书
（120年纪念版·珍藏本）
出 版 说 明

2017年2月11日，商务印书馆迎来120岁的生日。120年前，商务印书馆前贤怀揣文化救国的理想，抱持“昌明教育，开启民智”的使命，立足本土，放眼寰宇，以出版为津梁，沟通中西，为中国、为世界提供最富智慧的思想文化成果。无论世事白云苍狗，潮流左右激荡，甚至战火硝烟弥漫，始终践行学术报国之志，无改初心。

逐译世界各国学术名著，即其一端。早在20世纪初年便出版《原富》《天演论》等影响至今的代表性著作，1950年代后更致力于外国哲学和社会科学经典的译介，及至1980年代，辑为“汉译世界学术名著丛书”，汇涓为流，蔚为大观。丛书自1981年开始出版，历时三十余年，迄今已推出七百种，是我国现代出版史上规模最大、最为重要的学术翻译工程。

丛书所选之书，立场观点不囿于一派，学科领域不限于一门，皆为文明开启以来，各时代、各国家、各民族的思想与文化精粹，代表着人类已经到达过的精神境界。丛书系统译介世界学术经典，引领时代思想,为本土原创学术的发展提供丰富的文化滋养,为推动中国现代学术和现代化进程做出了突出的贡献。

为纪念商务印书馆成立120周年,我们整体推出"汉译世界学术名著丛书"120年纪念版的珍藏本,寄望既利于文化积累,又便于研读查考,同时向长期支持丛书出版的译者、编者和读者致以敬意。

两甲子后的今天,商务印书馆又站在了一个新的历史时间节点上。我们不仅要铭记先辈的身影和足迹,更须让我们的步伐充满新的时代精神。这是商务人代代相传的事业,更是与国家和民族的命运始终紧密相连的事业。我们责无旁贷,必须做好我们这代人的传承与创造,让我们的努力和成果不仅凝聚成民族文化的记忆,还能成为后来人可以接续的事业。唯此,才能不负前贤,无愧来者。

商务印书馆编辑部

2017年10月

后人大概会知道，我们并没有沉默，让事情如在梦中一样轻易地过去。

——理查德·胡克

目　　录

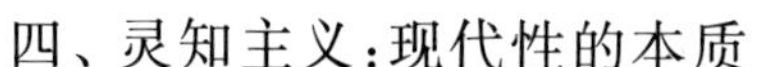

1987 年版序

35 年前，很少有人能够预见，《新政治科学》会成为政治理论领域的一本畅销书。这本压缩成六次讲座的短小精悍的著作，是以最深奥的智识水准陈述的一套关于人、社会和历史的完整理论。其论证夹杂着许多拗口的、多数是来自古希腊语的专业术语，涵盖了通常只是在狭小的学者圈子里才讨论的主题。

不过，从诸如贝希斯敦铭文、蒙古归顺令、关于罗马广场中的胜利女神祭坛的争吵这样一些看起来艰深的材料中析出与当代政治相关的意涵，正是埃里克·沃格林的天赋所在。从专业性的专题文献中，沃格林取精用宏，建立了一套秩序与历史的理论，这种写作方式，对于任何一位严肃的读者而言都是扣人心弦的。

这本书的论证，最好是根据沃格林原来的书名《真理和代表》来理解。以渊博的知识和精练的笔触，沃格林依次讨论了他所谓的“宇宙论的”“人类学的”和“救赎论的”真理符号化，然后把它们与“灵知主义”相对照。宇宙论的符号倾向于把一个社会的制度描述为有象之天的可观察的秩序的反映。人类学的符号反映了对心的发现以及心试图与天的可见秩序之外的不可见的正确判断的秩序相协和。救赎论的符号表示如下的人类经验，当人最终由于恩典而得以接触一个上帝时，人们将自己的心向一个不可见之尺度的无蔽敞开。在神话、哲学和启示这三种符号样式中,宇宙论的、人类学的、救赎论的经验获得其缓和的表达。

灵知主义是一种至少与基督教纪元本身一样古老的符号样式;它源自于尘世存在的脆弱本性,这种脆弱本性让许多人渴望一种确定的、立即的拯救,得以脱离一个充满危险的处境。灵知主义运动给予其追随者一种相对于圈外人的优越感,它的圣人往往以为他自己已是神灵附体,已从普通人的世界中解放出来了。

尽管早期的灵知主义倾向于在政治上消极退隐,它后来在西方却变得革命和具有破坏性。这是因为古代灵知主义的复兴正好赶上了西方社会由于城市中心的发荣滋长和不断扩大的贸易所导致的力量的明显膨胀。菲奥雷的约阿希姆,一位 12 世纪建立了一个新的宗教修会的克拉布利亚僧人,为西方文明赋予了三阶段的历史分期,这使得对现代性本身的概念化变得可能。约阿希姆把历史分成圣父时代、圣子时代和圣灵时代,这个划分是弗拉维奥·比昂多的历史分期的先声,就是把历史分成古代、中世纪和现代,也是孔多塞、孔德、马克思、列宁和希特勒那里的建构第三王国的先声。

现代性的吊诡在于,它是一个前进与没落同时并行的时代。一方面,文艺复兴和宗教改革以降的几百年,发生了无数破坏力空前的内战和国家之间的战争。其中的许多战争并没有合理的原因,发动战争要取得的目标,客观上根本就是不可能的。现代社会的公共生活已变得越来越物质,而且已造成了普遍的异化。结果是数量日益增多的关于西方"没落"的文献。另一方面,有些人把现代歌颂为一个辉煌进步的时代,他们也不无道理。科学和技术领域的巨大进步，带来了空前高水准的物质舒适、健康、识字率和慈善事业。

这个“棘手的问题”，就是一个文明如何能在前进的同时没落，至少可以通过分析现代灵知主义而得以部分地解答。沃格林以四页的篇幅（第 129—132 页），威风十足地对本书的论证作了概述，认为现代灵知主义以其各种变异形式——目的论的、价值论的和激进主义的——已使“地中海传统”的遗产蒙上了阴影。虽然这个传统（希腊哲学、犹太教、基督教）的核心体认到人之处境的有限性以及人类关于一切存在者的超越的神性根基的知识具有根本的“不确定性”，现代灵知主义却一直致力于狂妄自大的努力，要通过建造一个地上天国来克服人生的焦虑和不确定性。无论意图多么善良，即便“进步”计划的“温和”倡导者，对于现代性的巨大灾难也难辞其咎。无论为了缓解人之悲惨境况的许多具体项目是多么有价值，它们也不能取代由柏拉图、阿摩司和保罗所激起的对超越实在的内在追求。“精神的死亡是进步的代价。”

沃格林不是斯宾格勒，他的最后一章充满了希望，逆转西方文明的颓势，恢复希腊哲学、犹太教和基督教已经失去的东西并非没有可能。因为根据他的解释，美国和英国含有地中海传统的最大残余，它们合在一起是世界上最强大的军事力量（或者说在 1952 年是如此）。沃格林对苏联的评论显然绝不担心苏联有朝一日会成为世界霸主。沃格林满怀对未来的信心（尽管他拒绝对未来的必然趋势作出灵知主义式的预测），呼吁他的每一个读者分清事情的轻重缓急，完成洞穴喻中的哲学家所要求的“转向”。追随柏拉图的脚步，沃格林可以用“我们将诸事顺遂”作为他的最后结论。

与近几十年来在政治科学的名目下不断花样翻新的东西相比，埃里克·沃格林的《新政治科学》堪称凤毛麟角。开篇一章简明扼要地批判了实证主义社会科学，批判它收集无关紧要的事实和无视至关重要的事实的狂热，批判它打在形而上学问题上的"禁忌"，批判它的令人震惊的"理论的愚昧"。"新政治科学"这一书目恰如其分，沃格林一开始就明确指出，绝无可能回到前现代政治理论的"具体内容"："今天，人们不可能通过柏拉图、奥古斯丁或者黑格尔的思想来重建政治科学。"（第 2 页）

给《新政治科学》贴上"保守主义"作品的标签的批评者们，或许最好是更仔细地阅读这部作品。沃格林一直反对人们对他"定位"，他语重心长地劝说道，"不要成为一个主义主义者（Ism-ist）！"他以战斗的方式，凭借一套围绕《希伯来书》11：1 意义上的"不确定性"的历史哲学，即"信就是所望之事的实底，是未知之事的确据"，就当代的议题或政策作出了许多无可置疑的断言，这些断言在某些读者看来或许并非一以贯之。和别的思想家一样，沃格林援笔著述，一本其亲身经验。他目睹了奥地利屈服于纳粹，那是他度过了大多数早年时光的地方，他选择了背上包仅携带衣服逃离国境，而不是与一个极端邪恶的政权妥协。这些经验使他对群众运动抱有一种难以理解的不信任态度。

有些好学深思的读者，其中包括阿尔弗雷德·舒茨，对《新政治科学》的一些篇章感到困扰，在那里沃格林似乎把基督教提升到一切智识的和精神的取向之上。还有一些读者反对似乎不时出现的对自由主义的笼统指责。通常，第二遍阅读本书的论证，就会显示出这个问题的更微妙的面相。比如说，沃格林区分了"本质性的"基督教与它的扭曲形式，前者是凭借《希伯来书》11：1—3 意义上的信仰对"不确定的真理"的经验，而后者是背离这一经验本身的教条主义命题。关于自由主义，读者们应该注意本书的最后一段话，沃格林把"美国和英国的民主"标举为"灵魂真理"的当代最适宜的代表。

埃里克·沃格林敏锐地意识到，关于秩序与历史的问题，他绝没有得出最后的定论。本书的副标题为"导论"，清楚地表明《新政治科学》是一个邀请，请人们参与旨在恢复我们的圆满人性的研究。作为求真求实的同伴，我们要感激他照在道上的光。

丹特·热尔米诺

弗吉尼亚大学

序

近三十多年以来，政治学领域出现了许多研究者，意欲挑战对于政府和政治的传统研究法——一种源自于亚里士多德时代的研究法。试图依据统计学、心理学或社会学的基础建立政治科学，各有其信徒。新理论的提出者们在他们有关政治的科学研究理论中要么弃置、要么拒斥对于任何价值体系的考量。如今，尽管这类研究法已被广泛接受，然而在许多地方，尤其恰恰是在科学派的重镇芝加哥大学，它遭到了强有力的挑战。在这部作品里，沃格林教授就政治学的范围和方法作了兴味无穷、振聋发聩的论述。他在政治理论领域中出类拔萃的学术地位，使他在探讨这个题目时能够洞幽察微，实事求是。

这些讲座是由查尔斯·R.沃尔格林基金会（Charles R. Walgreen Foundation）赞助，1951年冬季在芝加哥大学发表的。作者及芝加哥大学的合作，使基金会得以出版这套丛书。

杰罗姆·G.克尔温（Jerome G. Kerwin）

沃尔格林基金会主席

致　谢

值此书付梓之际，谨向约翰·西蒙·古根海姆纪念基金会（John Simon Guggenheim Memorial Foundation）表示感谢，承蒙该基金会资助，我能够于1950年夏天在欧洲及时完成研究。另，本研究还获得了路易斯安那大学研究协会资助。同事尼尔森·E.泰勒（Nelson E. Taylor）教授惠阅了手稿，并在文风方面慷慨赐教，令我获益良多。约瑟芬·斯库里亚（Josephine Scurria）给予了出色的秘书事务协助，在此致谢。维京出版社（Viking Press）已惠允引用该社出版的一本书里的几段话。

本书雏形是1951年查尔斯·R.沃尔格林基金会赞助的关于"真理和代表"的六次讲座。借此机会，再次向该基金会以及其杰出的主席杰罗姆·G.克尔温教授表示感谢。

埃里克·沃格林

巴吞鲁日，路易斯安那

1 # 导　论

1

人在政治社会中的存在是历史的存在；一套政治理论，若是深入到原理层面，就必须同时是一套历史理论。是故，以下关于政治理论的核心问题、关于代表的讲座，不仅要描述通常所谓的代表制度，而且要探讨作为类型的代表的性质，政治社会正是借之而获得存在，得以在历史中行动。此外，我们的分析尚不止步于此，还要深入探究许多政治社会借以把它们自身解释为超越真理的代表者的那些符号。最后，诸如此类的许多符号，并不会形成一个单调的目录，而是可以理论化为历史进程中清晰明了的一系列连续的阶段。关于代表的探究，如果其理论意涵得以一贯地展开，实际上就是一套历史哲学。

穷究一个理论问题，深入政治原理与一套历史哲学的原理的交汇之地，如今已不常见。尽管如此，这种做法却不能视为政治科学中的创新；而毋宁说更像是一种重建，如果人们还记得，今天被割裂开来耕耘的两块土地，柏拉图创立政治科学时，却是密不可分地结合在一起的。这种浑然一体的政治理论诞生于希腊社会的危

机。在危机时刻，社会秩序摇摇欲坠，分崩离析，处于历史中的政 2
治存在的许多根本性的问题，就会比在相对稳定的时代更易于进入人们的视野。此后，人们可以说，使政治科学局限于描述现存的制度以及解释它们背后的原理，亦即让政治科学沦为现存权力的婢女，是承平形势下的典型做法；而把政治科学扩而充之，使之成为关于社会历史中的人之存在的科学和关于一般的秩序原理的科学，是具有革命和关键性质的伟大纪元中的典型做法。极而言之，西方历史上有过三个这样的纪元。柏拉图和亚里士多德创立政治科学，标志着希腊的危机；圣奥古斯丁的《上帝之城》，标志着罗马和基督教的危机；黑格尔的法哲学和历史哲学，标志着西方危机的第一次大地震。这些仅是伟大的纪元和伟大的重建；在它们之间有成百上千的时代，以较小的纪元和次要的重建为标志；特别是就现代而言，人们应该记住博丹在16世纪危机中的伟大努力。

重建政治科学，或许并不是要回到某个前人之努力的具体内容，而是意味着回到对原理的意识。今天，人们不可能通过柏拉图、奥古斯丁或者黑格尔的思想来重建政治科学。当然，关于问题的范围，以及对问题的理论探讨，确实能从先哲那里获益良多；然而，正是人之存在的历史性，也就是说人的类本质是在充满意义的具象中展开的，阻止人们通过回到从前的具象来有效地重构原理。因此，政治科学不可能靠对过去的哲学成就的文献复活而重建成一门严格意义上的理论科学；诸原理必须通过一种从时代的具体历史处境出发、把我们丰富的经验知识全部纳入考量的理论化努 3
力来重新获得。

如此说来，这项任务在任何情况下似乎都是令人却步的；考虑到关于社会和历史的经验科学如今提供给我们的数量庞大的材料，它或许是令人绝望的。然而事实上，这种印象是不正确的。尽管困难绝不可低估，但由于过去半个世纪所进行的准备工作，这项任务在我们的时代开始变得切实可行了。过去两代人以来，关于人和社会的科学已进入一个再理论化的过程。这一新的发展，起初虽然缓慢，第一次世界大战之后势头越来越大，今天正以惊人的速度前进。这项任务正变得切实可行，因为在很大程度上，它是靠对众多专题研究中的相关材料的集中理论化来完成的。这些关于代表的讲座题为“新政治科学”，暗示了如下意图，就是要向读者介绍政治科学的发展，一般大众对之实际上并不了解，而且还要表明，对许多问题的专题研究所得之成果，已使人们至少能够尝试用它们来解决政治中的一个基本理论问题了。

2

这一再理论化的运动，无论其范围还是成绩都不为人所熟知。这里不打算对之加以描述，因为要描述得充分，需耗费相当的笔墨。不过，为了回答下文的读者不可避免地会碰到的某些问题，仍有必要对它的目标和意图稍加说明。

4 从原理层面重建政治科学，意味着重建工作势在必行，因为对原理的意识已经丧失。这一再理论化的运动，必须理解为其实是一种复元，就是从作为 19 世纪下半叶实证主义时代之标志的对科学的毁灭中复元。实证主义所造成的这一毁灭源于两个基本假设。首先，自然科学的辉煌进展以及其他一些因素使人们以为，有关外部世界的那些数学化的科学中所运用的方法具有某种内在的优点，其他一切科学若能加以仿效，接受这些方法作为它们的典范，就能取得不相上下的成功。这个信念本身具有一种无害的特质，当典范方法(the model method)的狂热崇拜者开始致力于他们自己的科学而没有取得预期的成功时，它就会消失。但它与第二个假设相结合时，就变得危险了，第二个假设认为，自然科学的方法通常是判断理论之相干性(relevance)的标准。这两个假设的结合导致一系列众所周知的断言，就是对现实的研究，只有在运用自然科学的方法时才有资格称为科学，以其他术语表述的问题是虚假问题，尤其是不该问不能用现象科学的方法来回答的形而上学问题，不能通过典范方法来探索的存在领域是不相干的，或者更极端地说，这种存在领域并不存在。

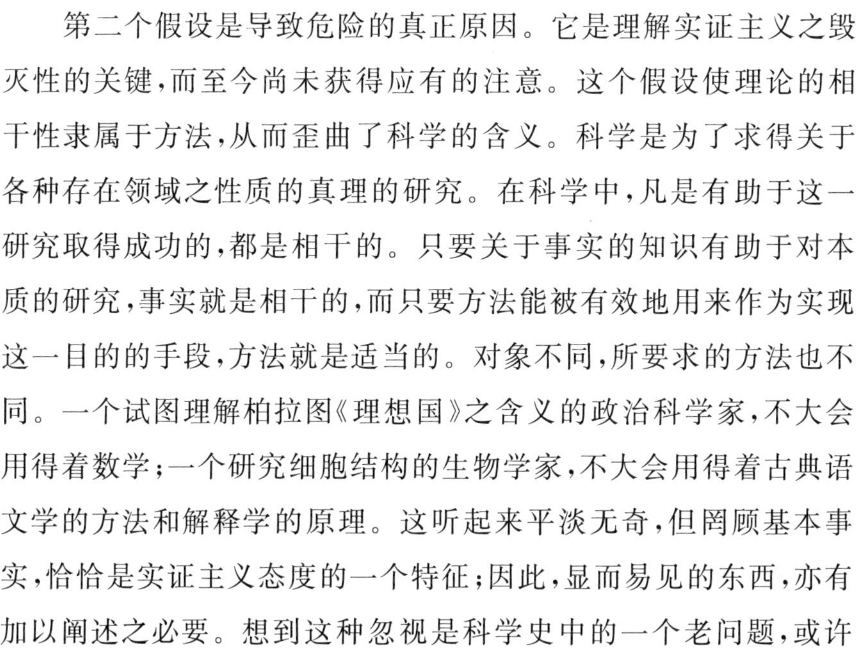

第二个假设是导致危险的真正原因。它是理解实证主义之毁灭性的关键，而至今尚未获得应有的注意。这个假设使理论的相干性隶属于方法，从而歪曲了科学的含义。科学是为了求得关于各种存在领域之性质的真理的研究。在科学中，凡是有助于这一 5
研究取得成功的，都是相干的。只要关于事实的知识有助于对本质的研究，事实就是相干的，而只要方法能被有效地用来作为实现这一目的的手段，方法就是适当的。对象不同，所要求的方法也不同。一个试图理解柏拉图《理想国》之含义的政治科学家，不大会用得着数学；一个研究细胞结构的生物学家，不大会用得着古典语文学的方法和解释学的原理。这听起来平淡无奇，但罔顾基本事实，恰恰是实证主义态度的一个特征；因此，显而易见的东西，亦有加以阐述之必要。想到这种忽视是科学史中的一个老问题，或许

是一种安慰，因为甚至亚里士多德就提醒过他那个时代的某些讨厌的人，说一个“有教养的人”是不会指望在一部政治论著中有数学式的精确性的。

如果一种方法的适当性不是以它对于科学之目的的有用性来衡量，相反，如果一种方法的运用被当作科学的标准，那么科学的含义，即科学是对实在之结构的真理性阐述，是人在其世界中的理论取向，是人理解其自身在宇宙中的地位的重要工具，就丧失了。科学始于人的前科学存在，始于人以自己的肉体、灵魂、智识和精神对世界的参与，始于人对一切存在领域的原初把握，这些领域对人而言是确定的，因为人自身的本性就是它们的缩影。从这一原初的、充满激情的认知性参与中，出现了通向以理论性的态度对存在之秩序的冷眼静观的艰难之道（the *methodos*）。然而在具体情况下，方法是否正确，这个问题只能靠从目的向起点回顾来判定。如果方法为依稀可见之物带来了实质的明晰性，那么它就是适当
6 的；如果做不到这一点，或者就算它为某个我们实际上毫无兴趣之物带来了实质的明晰性，那么它仍是不适当的。比如说，如果在我们对社会之秩序的前科学参与中，在我们对于是非对错、义与不义的前科学经验中，我们会感到想要达致对于秩序之本源及其效力的一种理论性的理解，那么我们在努力的过程中或许会得出如下理论，人类秩序的正义，端赖于它参与柏拉图的善（*Agathon*），或亚里士多德的努斯（*Nous*），或斯多葛派的逻各斯（*Logos*），或托马斯的永恒理性（*ratio aeterna*）。由于这样或那样的原因，这些理论或许没有哪个会令我们完全满意，但我们知道我们是在寻找这种类型的答案。然而，如果方法导致我们认为，社会秩序是由权力意

志和恐惧促成的,那么我们知道,我们已经在探究过程中的某个地方迷失了问题的本质——无论探究的结果对于阐明社会秩序的其他实质性的面相多么有价值。因此,在从答案回顾问题的过程中,我们知道,动机心理学的方法对于研究这个问题并不适当,在这个具体案例中,更好的方法是依靠形而上学的思辨和神学的符号化(symbolization)。

使理论的相干性隶属于方法,在原则上歪曲了科学的含义。
无论什么方法碰巧被选为典范方法,歪曲都会发生。因此,原理要
仔细地和它的特定的表现相区分。没有这个区分,几乎就不可能
理解实证主义这个历史现象的性质和范围;而且或许正是因为这
个区分尚未作出,所以对西方学术史的这个重要阶段的准确研究,
至今仍付诸阙如。尽管这里不能提供这样的分析,但为了使各种
实证主义现象进入视野,必须陈述我们要遵循的规则。如果把实 7
证主义界定为这个或那个杰出的实证主义思想家的学说——比如
说用孔德的体系来界定它,那么分析就不可避免地步入一个错误
的起点。特定形式的歪曲会遮蔽原理;这样就不能认清相关的现
象,因为在学说层面,不同典范方法的追随者往往是相互对立的。
因此,可取的做法是,从牛顿体系给像伏尔泰这样的西方知识分子
所造成的印象出发;把这种影响视为一个情感中心,以此为中心,
歪曲的原理以及特定形式的物理学典范能够独立地或结合起来向
外辐射;并追踪其效果,无论它们表现为何种形式。这个做法之可
取尤其是因为,将严格意义上的数学物理学的方法移用于社会科
学,几乎从来没有人尝试过,这种尝试理所当然注定会失败。发现
在功能上相当于牛顿物理学中的引力定律的社会现象"规律"的想

法，从来没有超越拿破仑时代中的呓语阶段。到孔德时代，这种想法早已平息，止于三个阶段的“规律”，也就是一篇对于历史之含义的荒谬的思辨，这一思辨把自身解释为对经验规律的发现。这个问题在早期的歧异化，典型表现是“社会物理学”（*physique sociale*）这个术语的命运。孔德想用它来指他的实证主义思辨，但他的意图遭到阻碍，因为凯特勒已占用这个术语来指他自己的统计学研究了；真正容易量化的社会现象领域开始与另一个领域相分离，在后一个领域里，玩弄模仿物理学的把戏，实为对两门科学
8 均一知半解的人士的一种消遣。因此，若是把实证主义严格地解释为意指通过运用数学化的方法来发展社会科学，人们或许得出结论说，实证主义从来就不存在；然而，若是把它理解为如下意图，就是通过运用各种与有关外部世界的科学所采用的方法尽可能类似的方法，使社会科学变得“科学”，那么这一意图的结果将是相当驳杂多样的（尽管其初衷并非如此）。

实证主义的理论问题，作为一种历史现象，必须小心地予以表述；既已理解各种表现之间的联系纽带，就可以简要地罗列这些表现本身了。方法的使用作为科学之标准，摧毁了理论的相干性。结果导致，有关事实的一切命题都被提到科学的位置，只要它们是正确使用方法的产物而不论它们的相干性如何。鉴于事实的汪洋大海无边无际，社会学意义上的科学的巨大扩张成为可能，为科学技术员提供就业机会，以及通过大型“研究项目”造成无关紧要之知识的巨大积累，这些项目的最有趣的特征是已投入到它们的生产中的可量化的经费。这里很想更仔细地观赏近年来的实证主义开出的这些华靡的花朵，并就它们得以生长的阿卡得摩斯花园

(the garden of Academus)稍作反思；但理论上的克制不容许我们享受这种园艺之乐。我们当前的关切在于这原理，就是有时人们说的，一切事实都是平等的，只要它们在方法上是确定的。事实的这种平等与特定情况中所运用的方法无关。无关紧要之事实的堆积无需运用统计学的方法，借口在政治史、有关制度的描述、观念史或语文学的各个分支中运用批判方法，也十分有可能造成这种堆积。所以，理论上未被消化、或许不可消化之事实的堆积，德国 9
人造了一个词“*Materialhuberei*”（材料集成）来指这种赘疣，是实证主义的第一个表现；由于它无所不在，所以它比诸如“统一科学”这个充满吸引力的怪物具有更大的重要性。

不过，不相干的事实的堆积却不可避免地与其他现象相交织。除了不相干的材料之外别无所有的大型研究项目即便存在也是罕见的。即使最糟糕的实例中也会包含一两页相干的分析，它们里面埋有少许的金子，等着某个识货的学者不经意之间发现。实证主义现象发生于一个有理论传统的文明中；完全不具有相干性的个案实际上是不会有的，因为在环境的压力下，最臃肿无益的原材料收集也必须有赖于一条将其与传统相连接的线索，无论这条线索多么脆弱。就算最顽固的实证主义者也会发现，很难写出一本关于美国宪法的完全无益的书，只要他有一丁点儿诚意，遵循最高法院的判决所指示的推理和判例的线索；即使该书是一份干巴巴的报告，没有把法官（他们并不总是优秀的理论家）的推理与某种重要的政治和法律的批判理论关联起来，这份材料也会迫使人们至少服从它自身的相干性体系。

较之容易辨认的琐碎知识的堆积，科学受实证主义的第二个表现的摧残更深，就是在有缺陷的理论原理下摆弄相关材料。许多备受尊敬的学者，以渊博的学识致力于对历史材料的融会贯通。他们的努力在很大程度上实属白费，因为他们用来别择和解释材料的原理，缺乏坚实的理论基础，而是出自时代精神（*Zeitgeist*）、
10 政治偏好或个人的怪癖。属于这个类别的有，许多的希腊哲学史，它们从原始文献中主要是要找出希腊哲学对西方科学基础的贡献；许多有关柏拉图的论著，它们在柏拉图身上发现了一个新康德主义逻辑学的先驱，或者按照时代流行的政治风尚，发现了一个宪政论者，一个乌托邦主义者，一个社会主义者，或者一个法西斯；许多的政治观念史，它们按照西方宪政主义来界定政治，结果就不能发现中世纪有什么政治理论；或者另一种形式的政治观念史，它们发现了中世纪对于宪政学说的大量“贡献”，却完全忽略了宗教改革时期到达顶峰的政治性的宗派主义运动；或者像吉尔克的《德意志团体法》这样的伟构，因为它的作者相信，政治法律思想史在他自己的“真正的人”（*Real person*）的理论中正按照神意走向了巅峰，所以它的品质要大打折扣。在这类案例中，对科学的破坏不是由于无益材料的堆积；相反，这个类型的论著经常是不可或缺的，因为它们含有关于事实的可靠信息（诸如参考文献目录，对文本的考订，等等）。毋宁说，破坏是通过解释进行的。原始文献的内容会被尽量正确地转述，然而这种转述却会造成一幅完全错误的图画，因为许多本质性的部分被忽略了。它们之所以被忽略，因为未经批判的解释原理不允许把它们视为本质性的要素。未经批判的意见（柏拉图意义上的“*doxa*”），无论是私人的还是公共的，都不能代替科学中的理论。

实证主义的第三个表现是方法论的发展，尤其是 1870 年至 1920 年半个世纪中的发展。方法论运动显明地构成实证主义的一个阶段，因为通过从理论转向方法而对相干性的歪曲，正是实证主义赖以存在的原理。然而与此同时，方法论运动亦有助于克服 11
实证主义，因为它归纳了方法的相干性，从而恢复了对不同方法适于不同科学的特定适当性的理解。比如说，像胡塞尔或卡西尔等思想家在历史哲学方面仍是抱有孔德式信念的实证主义者；但胡塞尔对心理主义的批判和卡西尔关于符号样式的哲学，是迈向理论的相干性之重建的重要步伐。是故，这个运动作为一个整体非常复杂，不经仔细而广泛的研究，绝不能毫无限定地泛泛而谈。只有一个问题能够而且必须被挑出来，因为它与对科学之毁灭有一种特殊的关系，那就是想通过在方法上对一切“价值判断”的严厉拒斥，使政治科学（以及通常说的社会科学）变得“客观”的企图。

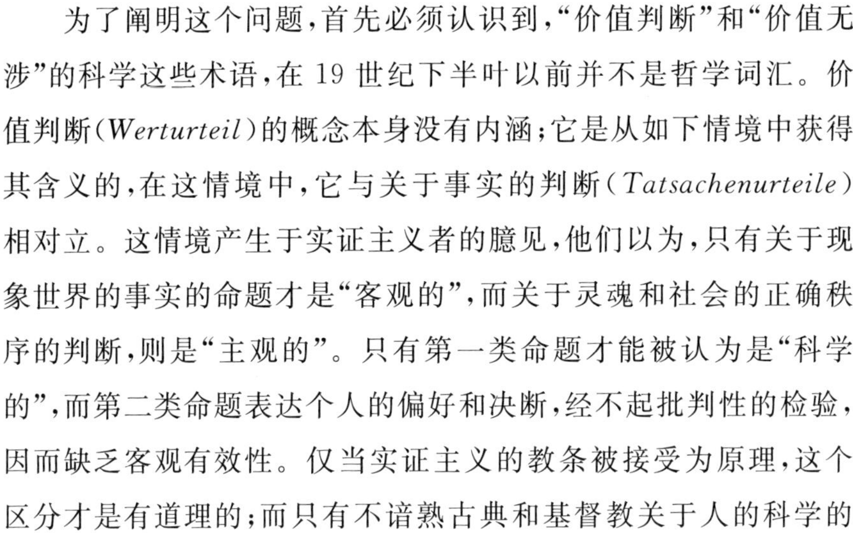

为了阐明这个问题，首先必须认识到，“价值判断”和“价值无涉”的科学这些术语，在 19 世纪下半叶以前并不是哲学词汇。价值判断（*Werturteil*）的概念本身没有内涵；它是从如下情境中获得其含义的，在这情境中，它与关于事实的判断（*Tatsachenurteile*）相对立。这情境产生于实证主义者的臆见，他们以为，只有关于现象世界的事实的命题才是“客观的”，而关于灵魂和社会的正确秩序的判断，则是“主观的”。只有第一类命题才能被认为是“科学的”，而第二类命题表达个人的偏好和决断，经不起批判性的检验，因而缺乏客观有效性。仅当实证主义的教条被接受为原理，这个区分才是有道理的；而只有不谙熟古典和基督教关于人的科学的

思想家，才会接受实证主义的教条。因为无论古典的还是基督教
12 的伦理学和政治学，均不包含“价值判断”，而是经验地和批判地阐述从作为总的本体论之成分的哲学人类学那里得来的秩序问题。仅当作为一门科学的本体论已经消失，因而伦理学和政治学不再能够被理解为有关秩序——人之本性在其中臻至圆满实现——的科学时，这个知识王国才可能被当作一个主观的、未经批判的意见场域，变得令人怀疑。

方法论者一旦接受实证主义的教条，就会参与对科学的毁灭。不过与此同时，他们亦英勇地努力挽救历史科学和社会科学的声誉，由于他们所参与的毁灭，历史科学和社会科学逐渐名誉扫地。当知识(*episteme*)毁弃时，人们并不会停止谈论政治；但他们必须用意见(*doxa*)的方式来表达自己。所谓的价值判断能够成为方法论者的严重关切，就是因为用哲学的语言来说，它们是关于秩序问题的未经批判的意见(*doxai*)；而方法论者试图通过消灭时下未经批判的臆度来使社会科学重新获得尊重，这样做尽管不能重建秩序科学，却至少会唤起对于批判标准的意识。因此，有关“价值判断”的理论和重建“价值无涉”的科学的努力，其效果是背道而驰的。只要对价值判断的攻击是一种在政治科学的外衣下对未经批判的意见的攻击，这种攻击就有理论净化的有益效果。只要整个古典和基督教的形而上学尤其是整个哲学的人类学被归入价值判断的名下，这种攻击就只会造成一个结果，就是承认并没有一门关于人和社会秩序的科学。

方法论大战既已偃旗息鼓，各种具体的尝试就在很大程度上
13 失去吸引力了。它们通常受制于这原理，就是从科学中排除“价

值”，视之为不容置疑的公理或假设。例如，假定“国家”为一个价值，在这假定下，政治史和政治科学只有考察与国家的缔造、维持和消灭相关的动机、行动和条件，才可称为“客观”。显而易见，如果把价值之正当与否交给科学家们来判定，那么这个原理就会导致令人怀疑的结果。如果科学被界定为是对与价值相关的事实的探究，那么学者们对于什么是有价值的有多少种不同的看法，就有多少种政治史和政治科学。合乎一个进步主义者的价值而被视为相干的事实，并不是一个保守主义者认为相干的同一些事实；一个自由主义经济学家眼里的相干事实，并不是一个马克思主义者眼中的相干事实。无论极度小心谨慎地保持具体工作之“价值无涉”，还是在确定事实和因果关系时极度诚恳地遵循批判的方法，都不能防止历史科学和政治科学落入相对主义的泥沼。事实上有人提出，每代人都需要重写历史，因为决定问题和材料之选择的“价值”已发生改变，这种看法颇能获得广泛的赞同。如果随之而来的混乱竟然不是那么地糟糕，那么原因还是得从文明传统所形成的压力中寻找，这种传统会把经批判的意见的多样化限制在其总体的架构内。

3

就政治科学而言，这场方法论运动在马克斯·韦伯本人及其作品中达到了其内在逻辑的终点。我们在这里无法对他作详细的
刻画，而只是勾勒他作为一个新旧转折之间的思想家所具有的 14
特色。

在韦伯看来，“价值无涉”的科学是指对因果的探究，建构可把制度的常规与背离相区分的理想类型，尤其是建构典型的因果关系。这种科学不会告诉任何人，他是否应该做一个经济自由主义者或一个社会主义者，一个民主宪政主义者或一个马克思主义革命者，但是能够告诉他，若他试图把他偏爱的价值转化为政治实践，会有怎样的结果。一方面，有许多超出批判性检验的政治秩序“价值”，另一方面，有一门从政者可拿来当技术知识使用的关于社会现实之结构的科学。把一门“价值无涉”科学的议题打磨出这一实用主义的锋芒时，韦伯已使争论超越了方法论的争吵而再次进入相干的秩序层面。他想要科学，因为他想要清晰地理解他所参与其中的世界；他再次踏上通往本质的道路。然而，对真理的探究在实用主义的层面上被中断了。在方法论之争的智识氛围中，“价值”必须被认为是不容置疑的，对真理的探究并不能推进到对秩序的观照。在韦伯看来，科学理性（the *ratio* of science）不涉及原理，而只涉及行动的因果关系。

是故，这新的意义上的理论相干性，只能通过制造政治中的“责任”和“魔惑”（demonism）的范畴来表达自身。韦伯承认“价值”，因为它们确切地说是激起政治行动的秩序观念，但他赋予价值以超越理性论证的、“魔性的”（demonic）决断的性质。科学只能
15 靠使从政者明了他们的行动的后果以及唤醒他们的责任感来与政治的魔惑作斗争。韦伯的这种“责任伦理”绝非无足轻重，它有意要抑制自以为是的政治知识分子的、尤其是 1918 年后的革命热情；使人们认识到，理想既不能证明手段正当，也不能证明行动结果正当，行动与罪恶相随，政治后果的责任完全要由行动的参与者

承担。此外,将“价值”诊断为“魔性的”,表明不容置疑的“价值”不能追溯至合理的秩序本源,那个时代的政治实际上早已沦为一个魔性的失序场域。由于娴熟的文饰,韦伯作品的这个方面,无论过去还是现在都被那些本该对之感兴趣的人所忽视,而这或许正好证明了它的重要性。

如果韦伯不过是揭示出,“价值无涉”的政治科学并不是关于秩序的科学,“价值”是魔性的决断,那么他的事业的伟大(这种伟大更多是为人们所感觉而非理解)或许就是令人怀疑的。向本质的攀升早该因步入歧路而中止,这条歧路通常被标记为“存在主义”——迷途者的一条出路,近年来由于萨特的作品,它已成为国际性的时髦。不过,韦伯走得更远,虽然解释者会发现,很难从韦伯本人所陷入的学术冲突和自相矛盾中提炼出他的成就。对于适才所描述的“价值无涉”的科学之问题的探讨,带来了不止一个问题。比如说,韦伯的科学概念,设定了通过大学制度来孕育的科学家和从政者的一种社会关系,在大学里科学家作为教师会向他的学生们,就是未来的政治人(*homines politici*),介绍政治现实的结 16
构。或许可以问:这种介绍应抱有什么样的目的?韦伯的科学据说不会触动学生们的政治价值,因为价值不在科学范围之内。学生们的政治原理,是不能由一种不涉及秩序原理的科学来塑造的。当学生们发现,他们的政治观念在实践中会造成意外的、或许是不可欲的结果时,这种科学或许会有引起学生们改变其价值的间接效果吗?而在这种情况下,学生们的价值并非那么地顽固不移。诉诸判断是可能的,那导致对价值的理性偏好的判断,不是价值判断又是什么?理性的价值判断究竟是否可能?在大学里讲授一种

价值无涉的政治科学是一件毫无意义的事情，除非这种讲授有意通过使学生们掌握一套关于政治现实的客观知识来影响他们的价值。韦伯真是一个伟大的教师，他颠覆了他自己把价值视为魔性之决断的看法。

他的讲授方法在多大程度上奏效是另一个问题。首先，这种讲授要借助于欺骗，因为他避免对秩序的正面原理作出明确陈述；其次，如果学生在态度方面已顽固不移，那么就算是直接阐述原理的讲授也不可能奏效。作为一个教育家，韦伯只能依赖学生的羞耻心（亚里士多德的“*aidos*”）来作为诱使他们进行理性思考的情感。但若是学生毫无廉耻呢？若是诉诸责任感仅仅使他不自在而没有造成态度的改变呢？抑或若是这并没有使他不自在，而是让
17 他退而求助于韦伯所谓的“意图伦理”（*Gesinnungsethik*），亦即其信条含有对自身正当性的证明，只要行动之意图正确那么结果并不重要呢？这个问题，韦伯同样没有阐明。就“意图伦理”而言，韦伯使用的一个范例是未经明确界定的基督徒的“超尘世的”道德观；他从未触及如下问题，就是魔性的价值或许并不是那么魔性，恰恰是因为它们带有他的“意图伦理”的性质而非“责任伦理”的性质，因为它们将神律的品质妄加于人的微弱欲望。对这个问题的讨论，只有在韦伯所回避的哲学人类学层面上才是可能的。尽管他回避这方面的讨论，但通过他的学术事业这个纯粹的事实，他已然决定加入与许多价值的理性斗争了。

与政治知识分子的不容置疑的价值作理性斗争，是他致力于一种客观的政治科学的学术事业的应有之义。价值无涉的科学这个原创概念正在涣然冰释。对于马克斯·韦伯之前的方法论者而

言，历史科学或社会科学可能成为价值无涉的，是因为其对象是通过“价值参照法”（*wertbeziehende Methode*）来建构的；然后在这样建构的领域里，科学家应该不带价值判断地工作。韦伯认识到，在他那个时代的政治中流行着多种互相冲突的“价值”，每一种“价值”都可用来建构一个“对象”。结果就会造成上文提到的相对主义，而政治科学则堕落为对政治知识分子的可疑幻想的辩解，当时的情况就是如此，而且今天在很大程度上依然如此。他是如何避免这一堕落的？——他的确避免了。如果对他而言诸多互相冲突的价值都不构成科学之领域，如果他面对流行的政治价值保持了他的批判性的真诚，那么构成他的科学的价值又是什么呢？这里不打算对这些问题作详尽的解答，而只是阐明他的技术原理。韦伯的科学的“客观性”若是存在，那也只能是出自人类历史中业已 18
被发现和阐明的秩序的真正原理。由于在韦伯所处的智识环境中，秩序科学的存在不可能被容许，它的内容（或者说它尽可能多的内容）不得不通过如下方式来引介，就是承认它在历史上的表述是历史中的事实和因果要素。尽管韦伯作为价值无涉科学的方法论者或许会明言，他并不反对一个已“走火入魔地”选择了马克思主义作为其“价值”偏好的政治知识分子，但是他可能会不动声色地致力于对新教伦理的研究，证明在资本主义的形成中发挥重要作用的不是阶级斗争，而是特定的宗教信念。上文反复强调，方法的任意性并不会致使科学成果变得完全不相干。因为理论传统的压力，仍然是材料和问题之选择的决定性因素。或许可以说，这种压力被韦伯树立为一个原则。比如说，他的三卷本的宗教社会学，为有关实在之结构的争论提供了海量的、多少清晰可见的有关人

和社会之秩序的真理。通过指出一个无可争辩的事实，就是关于秩序的真理是实在之秩序中的要素，这些要素或许不仅仅是对权力和财富的贪婪，或恐惧和欺骗，便可重新获得科学的一种临时的客观性，尽管对诸原理的引介，必须通过与韦伯同时代的价值处于竞争和无法以合理性来化解之冲突状态的“信仰”这一后门来进行。

不过，韦伯忽视了这一做法使他陷入的理论难题。比如说，如果对历史过程的“客观”研究证明，唯物主义的历史解释是错误的，
19 那么在科学中显然存在一个客观性的标准，使人们避免在处理问题和事实时“参照”马克思主义者的“价值”来建构科学之对象的做法；或者不用方法论者的行话来说就是，使学者不会成为一个马克思主义者。但如果批判的客观性使一个学者不可能成为一个马克思主义者，那么任何人能够不放弃那些他作为一个负责任的人所必须遵守的批判的客观性之标准而成为一个马克思主义者吗？韦伯的作品里找不到这种问题的答案。当时还不允许直截了当地宣称，“历史唯物主义”不是一种理论而是对历史的歪曲，“唯物主义的”政治解释者不过是一种亟应恶补基本事实的无知者。价值“魔惑”中的第二个成分是大部分人的无知，这种无知最近开始变得明显，韦伯并未体认到。走火入魔地决定为自己的价值辩护的政治知识分子，开始令人怀疑地显得像一个患夸大狂症的无知者。看来，一个人拥有多少“魔惑”的气质，与他拥有多少相干的知识成反比例。

这个由“价值”“价值参照法”“价值判断”和“价值无涉的科学”等观念构成的复合体看来正处于瓦解的边缘。已重新获得的科学

之客观性，明摆着不符合方法论之争的模式。然而，即使是对宗教社会学的研究也不能使韦伯向秩序科学迈出决定性的一步。他之犹豫不决的最终原因若不是恐惧，那就是一个谜；但他在哪里停下脚步却是能清楚分辨的。他的宗教社会学研究作为一种独具匠心的绝活，总是激起人们的仰慕。他在对新教、儒教、道教、印度教、佛教、耆那教、以色列和犹太教——而且他本打算以研究伊斯兰教作为结束——的多卷本研究中掌握的材料，数量确实令人惊叹不已。面对这种骄人的成就，人们或许没有充分地注意到，这一系列 20
研究是通过一种意味深长的忽略而取得其基调的，就是对宗教改革前的基督教的忽略。忽略的原因似乎显而易见。只要是致力于对中世纪基督教的严肃研究，就很难不在它的"众多价值"中发现对一种关于人和社会秩序的理性科学、尤其是关于自然法的理性科学的信仰。此外，这种科学不止是一种信仰，它实际上是作为理性之作品被阐述的。韦伯就会在这里邂逅秩序科学这个事实，正如他若是严肃地从事于希腊哲学研究也会如此。韦伯打算把秩序之真理当作历史事实来引介的愿望，止步于希腊和中世纪的形而上学。为了把柏拉图、亚里士多德，或者圣托马斯的政治学贬入与其他"价值"同等的地位，一个有良知的学者会首先去证明，它们自称为科学是毫无根据的。而这样的努力却会事与愿违。当这个想要成为批判者的人，为了使自己的批判有分量，对形而上学的意义已有足够透辟的洞察时，他自己就会变成一个形而上学家。对形而上学的抨击只有在因知识缺陷而与之保持安全距离的情况下才会问心无愧。韦伯的社会科学的视野是宽广的；他越是谨慎地避免过于接近它的核心部分，就越显示出他的实证主义

的局限。

因此，韦伯作品的结果是含糊的。他已将价值无涉之科学的原理还原为谬误(*ad absurdum*)。价值无涉之科学这一观念，其对象要通过“价值参照法”来建构，仅在科学家愿意选定某种“价值”作为参照的条件下才会实现。如果科学家拒绝选定某种“价值”，如果他认为所有价值平等(像马克斯·韦伯那样)，而且如果他把它们看作是社会事实的一部分，那么就没有能够用来建构科学之
21 对象的“价值”了，因为它们都成为对象本身的组成部分了。这一取消价值作为科学的构成要素的做法，造成了一种理论上不可能的情形，因为科学之对象毕竟有一种“构造”，就是我们在探索真理的过程中追求的本质。然而，由于实证主义的余毒并不允许接纳一门关于本质的科学，接纳一门真正的学问(*episteme*)，秩序之原理不得不作为历史事实被引介。韦伯构筑他的“社会学”(亦即对秩序科学的实证主义逃避)大厦时，并不严格地认为所有“价值”是平等的。他并没有沉溺于收集无益的废物，而是展示出他对人类历史中“重要”现象的明智的偏爱；他能很清楚地分辨主要的文明与不那么重要的枝节的发展，也能很清楚地分辨“世界宗教”与不重要的宗教现象。当缺乏合理的理论化原理时，他让自己接受“祖先权威”(*auctoritas majorum*)和他自己对卓越事物的敏感性的引领，而不是接受“价值”的引领。

到此为止，韦伯的作品可以被描述为一种让政治科学脱离不相干的方法论，使之恢复理论秩序的成功尝试。然而，他所追求的新理论却不能变得清晰，因为他虔诚地遵守实证主义者对于形而上学的禁忌。相反，别的东西却变得清晰了；韦伯希望在原理方面

清楚明白，理论家就该如此。通观他的全部作品，他是在“类型”建构的名目下努力阐明他的理论的。这种努力所经历的各个阶段，此处无法备述。在最后一个阶段，他使用“理性行动”的类型作为标准类型，建构其他的类型作为对合理性的偏离。这一做法不言 22
而喻，因为韦伯认为，历史是一个趋向合理性的进化过程，而他自己的时代是人的“理性自决”迄今为止所达到的最高点。他在不同程度上把这个观念贯穿于经济史、政治史和宗教史，贯穿得最彻底的是在音乐史中。这个普遍的概念显然是出自孔德的历史哲学；而韦伯本人对历史的解释或许可以理解为庞大的实证主义体系的最后一环。然而，在韦伯对实证主义计划的执行中，人们可以觉察到一种新的论调。人类向实证科学之合理性的进化在孔德看来是一个确实不断进步的过程；在韦伯看来，它是一个此世的祛魅化（*Entzauberung*）和去神化（*Entgöttlichung*）的过程。鉴于他哀叹神的魔力已从此世流失时所传达的微意，鉴于他屈从于理性主义，视之为人们必须忍受但不想要的一种宿命，鉴于他偶尔抱怨他的灵魂与神界不协和（*religiös unmusikalisch*），毋宁说他背叛了他的那些为尼采的痛苦所折磨的同仁——虽然，尽管他有以上告白，但他的灵魂与神界足够协和，使他不会追随尼采作悲剧性的反叛。韦伯知道他想要什么，但不知何故就是不能突围而得之。他看到了应许之地，却不被允许进入。

4

在马克斯·韦伯的作品里，实证主义已经走到尽头，政治科学之重建需要经历的路径开始变得可见。建构性的“价值”与建构出来的“价值无涉”的科学之间的关联已瓦解；“价值判断”以创建社会秩序单元的“合法化信仰”的形式回到了科学里。韦伯相信，历史朝着一种把宗教和形而上学贬入“非理性”王国的“理性主义”的
23 方向前进，这个信念是实证主义的最后堡垒。而一旦人们明白，没有人有义务进到里面去，那它就不再是一个堡垒；人们完全可以转过头来，重新发现总体而言形而上学的合理性，以及具体而言哲学人类学的合理性，这些正是韦伯谨慎地与之疏远的科学领域。

开出药方要比用药方治病容易。科学不是这个或那个学者单枪匹马的成就；科学是一种同心协力。只有在智识主义文化的传统里，有效的工作才是可能的。当科学彻底毁灭，比如像在1900年前后那样，仅仅恢复理论技艺就是一项艰巨的任务，谈不上为了在许多事实和问题中重构相干性秩序而需要重新加工的大量材料。另外，个人性的困难也不应该忽略；披露明显是狂野的新观念，在当前的环境中免不了遭到抵制。下面的例子有助于理解这些形形色色的困难的性质。

如上所述，韦伯依然认为，历史是实证主义意义上的理性主义不断增长的过程。然而，从秩序科学的角度来看，把“第一科学”(*scientia prima*)排除于理性王国之外，这并不是合理性的增长，而是合理性的减少。韦伯追随孔德的步伐理解为现代理性主义的东西，恐怕不得不被重释为现代的非理性主义。这种对社会公认的术语意义的颠倒，或许会引起某种敌意。但是，重释工作不能在此裹足不前。拒斥已发展起来的科学，退回到一个较低程度的合

理性，显然必定有经验上根深蒂固的动机。更仔细的探究将显示，
不愿承认本体论的和哲学人类学的理性（*ratio*），这背后有某些特
定的宗教经验；事实上，在 1890 年代，人们已开始把社会主义当作
一种宗教运动来考察了，后来发展为把极权主义运动当作一种新 24
的“神话”或宗教的广泛研究。此外，这种探究还会导致如下的普
遍问题，就是合理性的类型与宗教经验的类型之间的关联。按照
宗教经验在解释现实时所容许的合理性程度这个客观标准，有些
宗教经验必须被归类为高级的，有些为低级的。希腊神秘主义哲
学家和基督教的宗教经验位列高等，因为它们允许形而上学之开
展；孔德和马克思的宗教经验位列低等，因为它们禁止追问形而上
学问题。诸如此类的考量会彻底颠覆实证主义关于人类从早期的
宗教或神学阶段向理性主义和科学进化的进步主义概念。这一进
化或许不仅是合理性之程度每况愈下，至少就现代而言是如此，而
且，理性的这种衰退只能被理解为宗教退化的结果。数百年来不
断壮大的关于西方历史的解释必须彻底革新；这种大规模的革命
会遭到“进步主义者”的反对，他们会突然发现他们自己处于倒退
的非理性主义者的立场。

重释理性主义和实证主义的历史概念的可能性是用虚拟语气
提出的，目的在于指出本世纪初的政治科学的重建具有假想的性
质。建议型的观念层出不穷；但从确信科学王国中有某种东西属
于严重错误，到精准地理解这一灾难的性质，还有漫长的路要走；
从明智地测知人们应当走的方向至到达目的地的道路也同样漫
长。在这些提议能够变成陈述语气之前，必须满足许多条件。务 25
必重新取得对本体论的理解以及形而上学思辨的技艺，尤其是务

必重构作为科学的哲学人类学。根据以此方式重新取得的标准，才可能精确地界定实证主义立场中的不合理性的技术要点。为了达到这个目标，必须仔细地分析主要的实证主义思想家的作品，以查明他们对理性论证的批判性拒斥；比如说，应该展示孔德和马克思的作品中的那些段落，在那里这些思想家承认形而上学问题的有效性，却拒绝对之加以思考，因为这种思考会使得他们的非理性臆度变得不可能。当研究推进到非理性主义之动机时，必须还是基于原材料，把实证主义思维判定为神学化思维的一个变种，并对其背后的宗教经验作出诊断。仅当关于宗教现象的一般理论被充分地阐明，足以把这个具体案例纳入一个类型之下时，这一诊断才有可能成功地进行。对于各种程度的合理性与宗教经验之间的关联的概括，与希腊和基督教之实例的比较，要求重新研究希腊哲学，这种研究将揭示出希腊形而上学的开展与提出它的哲学家们的宗教经验之间的关联；对中世纪形而上学的进一步研究，必须确立基督教案例中的相应关联。此外，应当展示希腊的与基督教的形而上学之间可归因于宗教差异的特征差异。当这一切准备性的研究已就绪时，当探讨问题的批判性概念已形成时，且
26 命题已得到原材料的支持时，最终要面对的任务就是寻找一种理论上易于理解的、能把这些复杂多样的现象组织于其中的历史秩序。

这项重建任务实际上已在进行；根据今天它达到的程度，人们至少可以说，一门新的秩序科学的基础已经铺设了。详细地描述这项方兴未艾的事业不是我们当前的目标所在——况且，这种描

述会变成一部20世纪上半叶的科学简史。[①] 下面关于代表问题的讲座,旨在向读者介绍这场运动以及它给政治科学的重建带来的希望。 27

---

① 20世纪上半叶的学术史极其复杂,因为这段历史是学术文化从19世纪后期的彻底毁灭中缓慢复元的历史(其中许多尝试都陷入了死胡同)。鉴于这场斗争的灰尘仍在漫天飞舞,对复元过程的批判性研究或许为时尚早;事实上,迄今为止尚未有人尝试进行这种全面详尽的研究。然而,最近有一本介绍当代哲学的书(尽管有某些技术上的缺陷),却展示了即使在今天,究竟可以做到什么程度;那就是波亨斯基(I. M. Bochenski)的《当代欧洲哲学》(*Europäische Philosophie der Gegenwart*)(伯尔尼,1947年)。这位作者在解释过程中的指导思想是其书的扉页上的两句格言:马可·奥勒留的"哲学家,上帝的祭司和助手",柏格森的"哲学亦有其文士和法利赛人"。他根据各种哲学作为本体论的价值,划分了它们的等级,从最低级到最高级,在章节标题"物质""观念""生命""本质""存在""有"之下加以论列。最后一章关于"有"的哲学,探讨英国和德国的形而上学家(塞缪尔·亚历山大、阿尔弗雷德·N. 怀特海、尼科莱·哈尔特曼)和其他的新托马斯主义者。第一章探讨最低级的哲学,自下而上依次是伯特兰·罗素、新实证主义和辩证唯物主义。

一、代表与存在

1

政治科学如今深陷于困境，这正源于其确切的性质是一门关于历史存在中的人的科学。人并不是等着科学向他解释他的生活，理论家探讨社会现实时，会发现该领域先已充斥着可称为社会的自我解释的东西。人类社会不只是外部世界中的一个事实、一个事件，可供观察者像研究自然现象那样来研究。尽管它具有外部性(externality)这个重要属性，但总的来讲它是一个小世界，一个小宇宙(a cosmion)，为不断创造和支撑它、以它作为他们自我实现之模式和条件的人类发自内部的意义所彰显。人类社会通过一套精致复杂的符号话语(symbolism)而得以彰显，符号话语有不同程度的简密性(compactness)和分殊化(differentiation)——从仪式到神话到理论。只要诸符号使这个小宇宙的内在结构、其成员之间和成员群体之间的关系，以及它的整个存在相对于神秘的人类存在而言变得透明，这符号话语就以意义将它彰显。社会通过符号彰显自身，是社会现实的一个必要成分，甚至可以说是它的本质性的成分，正是通过这种符号化，社会的成员们经验到，社会

远不止是一种偶然或便利，而是承载着他们的人类本质。反过来，这些符号也表达了人凭借参与那超越他的特定存在的整体，凭借 28
参与赫拉克利特——第一位把这个概念分殊化的西方思想家——所谓的“*xynon*”(共同实在)，而完全成为人的经验。所以，每个社会都有一套独立于政治科学的对其自身的理解，所凭借的是形形色色的符号，有时是高度分殊化的语言符号；这种自我理解在历史上先于政治科学即亚里士多德意义上的“政治学”(*episteme politike*)的出现几千年。因此，政治科学之产生，并非始于一块可以在上面刻下其概念的白板(*tabula rasa*)；而是必然始于社会的自我解释这一丰肥的肌体，并依靠对社会上先前存在之符号的批判性阐明而维续。当亚里士多德撰写《尼各马可伦理学》和《政治学》时，当他构造城邦、宪制、公民、各色政体、正义、幸福等概念时，他并不是发明这些术语并赋予它们随意的含义；他只不过是拾起了他在当时的社会环境中发现的符号，仔细地考察它们在日常用语中的各种含义，而且通过他的理论标准来衡量和阐明这些含义。①

这些开场白绝没有穷尽政治科学的特殊情境，但对于时下的目标而言，已经足够了。我们能够从中得出可应用于代表问题的若干理论性的结论。

理论家在反思自己的理论情境时，会发现自己面对两套符号：社会自我彰显过程中作为社会小宇宙之必要成分而被制造出来的语言符号，以及政治科学的语言符号。由于第二套符号是通过我

① 亚里士多德：《政治学》，1280a7 以下。

们暂时所谓的批判性阐明的过程从第一套符号发展而来，两套符
29 号是相互关联的。在这个过程中，现实中产生的许多符号会被抛弃，因为它们在简洁科学里无法起到任何作用，而为了批判地充分描述作为现实之组成部分的符号，会有许多新的符号在理论中被提出来。比如说，假如理论家把马克思的自由王国的观念，就是共产主义革命要建立的王国，描述为基督教末世论符号的一种内在主义的实体，那么“自由王国”这个符号是现实的组成部分；它是一种世俗化运动，马克思主义运动是这个世俗化运动的一个分支，而诸如“内在主义”(immanentist)、“实体”(hypostasis)和“末世论”(eschatology)则是政治科学的概念。描述中使用的术语并非产生于马克思主义运动的现实，而“自由王国”这一符号在批判科学中是无用的。因此，既不是两套术语有不同的含义，也不是一套术语有两种截然不同的含义；而是存在两套有着大面积重叠要素的符号。此外，现实中的符号本身在相当程度上就是理论阐明过程的产物，从而两套符号也经常在含义方面相互接近，有时甚至实现了同一。这种复杂的情境不可避免地导致混淆，特别是会致使人们错误地以为，政治现实中使用的符号就是理论概念。

不幸的是，这种令人困惑的错觉已深深地腐蚀了当代的政治科学。比如，人们会毫不犹豫地讲“政府契约论”“主权理论”或“马克思主义历史理论”，而实际上这些所谓的理论是否有资格称为批判意义上的理论是相当值得怀疑的；卷帙浩繁的“政治理论史”造就了一台符号的展览会，但这些著作大部分毫无理论性可言。这
30 种混淆甚至摧毁了政治科学在古代已取得的一些收获。让我们以所谓的契约理论为例。在这个案例中，人们无视一个事实，就是柏

拉图已对契约符号作了十分透彻的分析。他不仅确定了它的非理论特质，而且考察了作为其基础的经验类型。此外，他引入了“*doxa*”（意见）这个专门术语来指“契约论”之类的符号，以使它们区别于理论的符号。[①] 如今，理论家们并不是出于这个目的使用“*doxa*”一词，也没有提出一个等价物——这一区分消失了。取而代之的是，“意识形态”一词开始流行起来，在某些方面它和柏拉图的“*doxa*”有关联。但正是这个术语已成为进一步导致混淆的根源，因为在曼海姆所谓的对意识形态的普遍质疑（*allgemeine Ideologieverdacht*）的压力下，它的含义被极大地拓展，涵盖了与政治相关的命题中使用的各类符号，包括理论的符号本身；如今有许多政治科学家甚至会把柏拉图—亚里士多德的知识（*episteme*）称为一种意识形态。

这种混淆的另一个症状是某些讨论习惯。在讨论政治话题时我多次遇到学生，也不总是学生，问我如何界定法西斯主义或社会主义，或诸如此类的其他主义。我不得不多次说明，我并不认为我有义务作出这种界定，从而让提问者感到惊愕不已，作为大学教育的一部分，提问者显然已认可如下观念，即科学是一大箩筐的词典式定义，因为这类运动以及它们的符号话语属于现实的组成部分，只有概念才能被界定，现实却无法被界定，而诸如此类的语言符号是否能被批判地阐明到足以在科学中具有任何认知性作用的地步，是非常值得怀疑的。

以上就是为探讨严格意义上的代表问题所准备的基础。上述 31

① 柏拉图：《理想国》，358e-367e。

反思，想必清楚地表明，如果探究是按照探求真理的批判标准来进行，那么这项任务就并非轻而易举。理论性的概念与作为现实之组成部分的符号，必须仔细地区分；在从现实向理论过渡的阐明过程中所采用的标准，必须清楚地界定；随之而得到的概念的认知性价值，必须置于一种更广阔的理论语境下检验。这里勾勒出来的方法，实质上是亚里士多德的做法。

2

从主题的初级方面(elemental aspects)开始不失为上策。为了确定什么是理论上初级的，最好是回顾一下本次讲座的开头。政治社会可以描述为一种被从内部彰显的小宇宙；然而，这一特征之成立，有赖于强调外部性是它的重要成分。小宇宙有其内部的意义领域；而意义领域具体地存在于外部世界之中，存在于具有身体，并通过自己的身体参与有组织的和无组织的外部世界的人类之中。政治社会可能会由于那些使其成为历史中的行动单元的信仰的瓦解而消灭；它也可能会由于其成员星散各地，以至于他们之间的交往在时空上变得不可能，最极端是由于他们被从肉体上灭绝，而遭到毁灭；它也可能会由于对那些构成一个社会的政治上和智识上的少数统治者的灭绝或压迫，而遭受严重的伤害、传统的局部破坏以及长期的瘫痪。由于马上要给出的一些原因，当我们谈论我们主题的理论上的初级方面时，就是意指这个意义上的社会的外部存在。

32 在新闻政论界的政治争论中，许多国家，比如美国、英国、法国、瑞士、低地国家以及斯堪的纳维亚诸国,习惯上被认为是有代表制度的国家。在这种语境下,代表制一词是作为政治现实中的一个符号出现的。若是要求使用该符号的人解释它的意思,他差不多会确定无疑地回答说,假如一个国家,其立法机构的成员是依靠民众选举而据有其成员资格,那么这个国家的制度就有资格称为代表制。当这种追问延伸到行政机关时,他会接受由人民选举行政首长的美国体制,也会赞成由一个取得议会多数的委员会组成内阁的英国体制,或者由议会两院选举行政机关的瑞士体制;他或许还会认为,只要君主唯有在责任大臣副署的情况下才能行动,代表制的特质就没有被君主所削弱。当要他更清楚地解释他所谓的民众选举是什么意思时,他首先会认为是由居住在一片领土区域内所有成年人选举代表;但是当妇女被排除在选举权之外时,或者在比例代表制下当选区是按人而非按地域来划分时,他或许并不会否认这种选举具有代表制的特质。最后,他或许会提出选举应当是经常性的,还会说到政党作为选举程序的组织者和中介。

对于这种答案,理论家能拿它在科学里做什么呢?它有任何认知性的价值吗?

显然,这种答案并非无足挂齿。固然,所列各国的存在必须被视为当然,不可过多地质疑是什么让它们存在或存在意味着什么。可是,亮光打在了一个现存框架之内的制度区域,而这个框架本身 33
尚处于阴影之中。确实存在一些国家,它们的制度可归入所列类型之下;如果对制度的研究毕竟是相干的,那么这种答案无疑要求一个庞大的科学知识体。而且,这个知识体作为一种大规模的科学证据，其存在形式是对于单个国家之制度的无数专题研究，描述现代代表制政府的运作所必不可少的衍生制度和辅助性制度，并且是一种比较研究，阐述该类型及其变种。此外，原则上不能怀疑这类研究的相干性，因为政治社会的外部存在是其本体结构的组成部分。无论这些研究的相干性是什么，当把它们置于一种更广阔的理论语境时，社会之外部实现过程的类型，必然具有某种相干性。

在这个层面上对代表制度进行理论化的过程中，参与描述型建构的诸概念，涉及外部世界的简单资料。它们涉及地理上的区域，涉及住在这些区域中的人们，涉及许多的男人和女人，涉及他们的年龄，涉及他们的投票，也就是在印有姓名的纸片上打钩，涉及选票的清点和计算，从而使其他人被指派为他们的代表，涉及代表者的行动，这会导致同样可以靠外部资料来认知的正式提案，等等。由于就社会的内部自我解释而言，这个层面上的概念是不成问题的，因此我们问题的这个方面或许可以被认为是初级的；所以能在这个层面上被详细说明的描述型代表制，将被称作初级型(elemental type)。

34 原则上，对主题的这种初级探讨的相干性是确定的。然而，它的认知性价值的实际范围，只有通过把该类型置于前面所提及的更广阔的理论语境，才能衡量出来。正如我们所说，初级型只是把光亮投射到一个现存的框架之内的制度区域，这个框架被毫无疑问地视为理所当然。所以，现在必须就迄今为止一直处在阴影中的区域提出一些问题。

3

提出这些问题时，依旧需要遵循亚里士多德检讨在现实中产生的符号的做法。对于这样的提问而言，一个恰当的题材是苏维埃制度的代表特质。苏联有一部宪法，甚至写得相当漂亮，上面规定的制度总的来说可归入初级型之下。不过，对于它的代表特质，西方民主派和共产主义者的意见截然相反。西方人会说，仅有代表机制还不行，投票者必须有真正的选择权，苏联宪法所规定的一党专政，使选择成为不可能之数。共产主义者会说，真正的代表必须为人民的利益着想，为了使制度成为真正的代表制，政治生活必须避免以多个政党来代表特殊利益，只有共产主义政党垄断了代表权的国家，才是真正的人民民主国家。这样一来，争执的关键就在于政党在代表过程中的中介作用。

问题十分不清楚，难以遽下判断。这种情形颇令人不安，而
且，人们很容易通过如下方式更增困惑，就是回想起美国建国时 35
代，许多杰出的政治家认为，只有在完全不存在政党的情况下，才可能有真正的代表。此外，其他许多思想家会把英国的两党制的运转归结为，两党最初实际上是英国贵族的两派；还有其他许多思想家会在美国的两党制中发现一种隐秘的同质性，它使两党似乎是同一个政党的两派。因此，在总结这些不同的意见时，可以形成这样的排列：一种代表体制是名副其实的代表制，前提是没有政党，或是有一个政党，或是有两个或多个政党，或是有可被视为一党之两派的两党。最后，为了完成这幅图画，或许可以加上第一次

世界大战后流行的多元政党国家这个类型概念，谓一种代表体制如果有两个或多个无法在原则上达成一致的政党，就无法运转。

从这些形形色色的意见中，可以得出如下结论。初级型的代表制度并没有穷尽代表问题。透过意见的冲突可以看出以下的共识，就是仅当与代表之本质相关的某些要件被满足时，代表之程序才是有意义的，而程序的确立并不会自动提供这种可欲的本质。还有一个共识是，某些中间制度——政党——关系到这种本质的保全或败坏。然而除此之外，问题就变得令人困惑了。这里说到的本质，含糊地与人民的意愿相关联，但是“人民”这个符号的确切意思是什么，却并不清楚。这个符号必需留待稍后考察。而且，究竟政党之数目是多少，方能保证或不能保证这一本质之充溢，这种数目上的分歧也提出了一个未经充分地分析过的、不能靠数政党
36 的数目来把握的隐蔽问题。因此必须认为，像“一党制国家”这样的类型概念，其理论价值是可疑的；对于简要介绍当下的政治论争而言，它可能有某种实际的用处，但是它显然没有被充分阐明，足以在科学中具有相干性。它属于像初级型的代表制概念这样的初级类别。

这些最初的方法论追问并没有进入断港绝潢，但收获却不得要领，因为我们一下子把网撒得太宽。为了阐明这个问题，必须对之加以限定；为此目的，有必要进一步反思苏联这个诱人的题材。

4

苏联政府是否代表人民，对于这个问题可能会有激烈的分歧，

但无论如何，苏联政府肯定代表苏联社会这个成形而利于在历史中行动(in form for action in history)的政治社会。就政府的命令得到人民的服从，容许政治上无关紧要的失败余地这个意义而言，苏联政府的立法和行政行为在国内是有效的；苏联是一个历史意义上的强权，因为苏联政府能够有效地操控由苏联社会的人力物力所喂养的庞大的军事机器。

乍看起来，由于有了这些陈述，争论似乎已推进到理论上更为丰饶的土地上。在成形而利于行动的政治社会这个名目下，那些历史上清晰可辨的权力单元进入了我们的视线。为了成形而利于行动，政治社会必须有一个内部结构，使该社会的某些成员，就是不同时代的术语所谓的统治者、政府、君王、主权者、长官，等等，能 37
够为他们的命令行为取得习惯性的服从；这些行为必须服务于一个社会的存在必然性(existential necessities)，比如保卫领土和提供正义——如果按中世纪的目的分类来说。然而，这种具备了利于行动之内部组织的社会，并不是作为来自永恒中的宇宙装置而存在，而是在历史中生长的；人类把自身组织成为一个利于行动的社会，这个过程将被称为社会的连属化(the articulation of a society)。政治连属化的结果，是人类产生了统治者，他们能够为社会而行动，他们的行为不是被归责于一己之私人，而是被归责于作为一个整体的社会，并因而导致，意在规范一地的人类生活的普遍统治的宣示，将不会被理解为道德哲学里的一种修习，而是会被社会成员经验为一种对他们具有强制力的统治的宣告。当一个人的行为事实上是被这样归责时，他就是一个社会的代表。

然而，如果在这个语境中，代表的含义是以实际之归责

(effective imputation)为基础的,那就有必要区分代表与其他类型的归责;有必要阐明代理(agent)与代表(representative)的差异。是故,代理应该理解为一个被其委托人授权按照指示办理一项具体事务的人,而代表则是这样一个人,他有权力为一个社会行动,所依据的是他在共同体结构中的地位,而不是办理特定事务的具体指令;他的行动事实上不会被该社会的成员拒绝。例如,一位驻
38 联合国代表(delegate)是其政府的代理,需按指令行动,而委派他的政府则是相应政治社会的代表。

5

显而易见,一个连属的社会的代表统治者如果不与社会的其他成员维持着某种关系,就不能代表作为一个整体的该社会。这里有一个对于我们时代的政治科学而言的困难的根源,因为在民主的符号话语的压力下,人们不大情愿在两造之间进行术语上的区分,这种拒绝的力量是如此强大,以至于已影响到政治科学。即便是在民主政治中,统治权力仍然是统治权力,但是人们羞于面对这个事实。政府代表人民,"人民"这个符号已吸纳了两种含义,这两种含义在中世纪的语言里可以毫无情感阻力地区分为"王国"和"臣民"。

如今,民主符号话语的这种压力,是一系列术语纠纷的最后阶段,这种术语纠纷始于中世纪晚期,随着西方诸政治社会的连属化而来。比如,《大宪章》说议会(Parliament)是"吾国之共同参议会"

(*commune consilium regni nostril*)。[①] 让我们来分析这一提法。它指出议会是王国的参议会,或许并不是人民的代表机关,而王国本身是属于国王所有。这一提法标志着一个新纪元,社会连属化的两个时代在此交汇。在第一阶段,国王个人是王国的代表,这种对代表权的独占之意,保留在系于“国”这个符号之后的物主代词中。在第二阶段,王国内部的团体(communes),也就是郡、区、市,开始将自身连属化,以至于它们能够代表自身而行动;而男爵们本 39
身也不再是一些单个的封建主,而是将自身塑造成了贵族阶级(*baronagium*),在《大宪章》的《安全条款》中出现的男爵们,已是一个能够行动的团体。这个复杂过程的详细情况毋庸赘述;在理论上令人感兴趣的地方是,这些连属的团体的代表在参议会中集会时,组成了许多更高阶的团体,最终形成了两院制的议会,这个议会将自身理解为一个更大社会,亦即整个王国的代表会议。如此一来,随着社会之连属化不断推进,发展出了一种特有的复合代表,以及一套表达其内部的等级结构的符号话语。

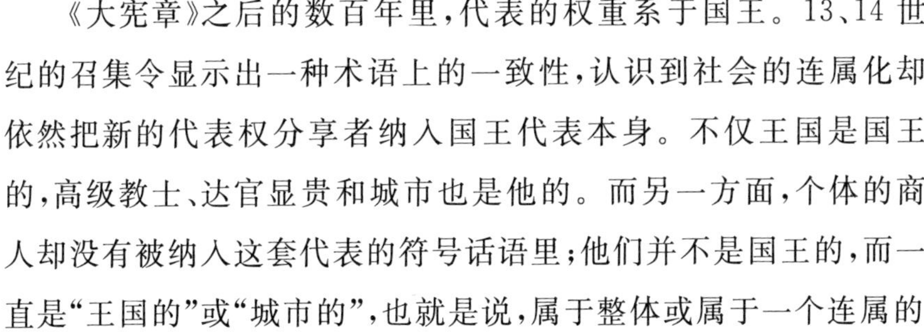

《大宪章》之后的数百年里,代表的权重系于国王。13、14 世纪的召集令显示出一种术语上的一致性,认识到社会的连属化却依然把新的代表权分享者纳入国王代表本身。不仅王国是国王的,高级教士、达官显贵和城市也是他的。而另一方面,个体的商人却没有被纳入这套代表的符号话语里;他们并不是国王的,而一直是“王国的”或“城市的”,也就是说,属于整体或属于一个连属的

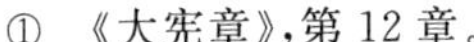

① 《大宪章》,第 12 章。

部分。[1] 社会的普通个体成员简单地被称为“居民”或“王国的公民同胞”。[2] “人民”这个符号似乎并不意指连属化和代表中的一个等级；它只是偶尔被用作比如“王国的共同福祉”这个短语中的王国的同义词。[3]

将这个代表性的等级体系熔铸成一个单一的代表——王在议
40 会——耗费了相当长的时间；这个不断进行的熔铸过程，在几百年后亨利八世就费勒案对议会的演说的一段著名的话中，从理论上才可以感觉到。当时是 1543 年，国王说：“我们的法官告诉我们，我们王室的地位从不像在议会时代中这么高；在议会时代，我们是首脑，你们是成员，相得无间组成一个政治身体，所以无论对议会任何最低成员的侵犯，就是对我们自身和整个议会的侵犯。”国王与议会之间在等级上的差异仍被保留，但是这种差异现在能够通过在一体之内的首脑与成员的关系而被符号化；这个复合的代表已变成一个“政治身体”，国王等级因分享议会的代表权而得以提升，议会因分享王室代表权亦得以提升。

从这段话中，这些符号朝什么方向转变开始变得明朗：当连属化扩展到整个社会，代表者也会扩展，直到社会的全体成员，下至最后的个人已从政治上变得连属为止，而社会也相应地变成其自

① 1302 年的《商界咨议会召集令》(*Writ of Summons to a "Colloquium" of Merchants*)，载于施塔卜斯(Stubbs)：《历代宪令选》(*Select Charters*)，第 8 版，第 500 页。

② 1295 年的《大主教和教士出席议会召集令》(*Summons of the Archbishop and Clergy to Parliament*)，同前，第 485 页。

③ 1301 年的《林肯议会召集令》(*Summons to the Parliament of Lincoln*)，同前，第 99 页。

身的代表。在符号方面，这个极限随着林肯的“民有、民治、民享政府”这一精明、辩证的概括而被达到了。在这个提法中，人民这个符号分别指连属化的政治社会、该社会的代表、受代表之行动约束的全体成员。民主制的符号话语和理论内容在这个提法中无与伦比地融合，是其有效性的秘诀。关于连属化在其中达到极限，并在“人民”的符号话语中得以表达的这个历史过程，我们在后面的讲座中会更详细地讨论。就目前而言应该指出，向辩证的极限转变的过程，预设了社会向下直到个人而将自身连属为一个可被代表 41
的单元的过程。这个特殊类型的连属化并不是任何地方都有；事实上只是在西方社会中才存在。它显然不是人之本性的一种属性，而是不能脱离特定的历史条件，这些历史条件也只是西方才具备。在东方，这些特定的条件在历史上不存在，这个类型的连属化完全没有发生——而东方却是人类的更大部分。

6

如此说来，连属化是代表的前提条件。为了进入存在（in order to come into existence），一个社会必须通过制造一个为它而行动的代表来连属其自身。对这些概念的阐明现在可以继续进行了。在“连属化”这个符号背后，正是众多政治社会、国家、帝国之兴衰以及在两个节点之间诸多演化和革命之发生的历史过程。就政治社会的实例而言，这个过程在历史上并非各各不同，以至于不可能把繁多的变种纳入几个普遍的类型。但这个庞大的课题（汤因比已用了六卷著作来加以展示）必须放在一边。目前的关切更应当在于，连属化这个概念的意涵能否进一步分殊。这确实是可以的，存在着几种进一步理论化的有趣尝试。这些尝试理所当然是在一个社会的连属化达到了一个关键的节点时作出的；当一个社会即将存在或解体之时，或当它处于其进程的一个纪元性阶段时，连属化的问题就会引人注目。在西方诸社会的生长中，这种
42 纪元性阶段大约发生于15世纪中叶西方诸民族王国经历了百年战争之后的巩固时期。在这个关键的纪元中，英国一位极优秀的政治思想家福蒂斯丘爵士试图对连属化的问题进行了理论化。他的看法非常值得考察。

福蒂斯丘感兴趣的政治现实，主要是英格兰王国和法兰西王国。他所钟爱的英格兰是政治家和国王的统治（*dominium politicum et regale*），今天可称之为宪政；路易十一世治下的邪恶的法兰西是国王专制（*tantum regale*），有点像僭主政治——只有对于不适合建立宪政乐园的蛮荒之地，才是有益的。[①] 福蒂斯丘的功绩在于，他并没有止步于对两种统治的静态描述。当然，当他坚持认为，一个王国必须有一个首领，就像一个身体必须有一个头一样时，他确实使用了有机体比喻，但后来在《英格兰法律赞》的一段辉煌的文字中，通过对比一个王国的创生与有关节相连的身体（the articulate body）脱离胚胎状态而成长的过程，他使这种比喻成为动态的了。[②] 一种政治上未连属的社会状态突然发生王国的

---

① 福蒂斯丘(Fortescue)：《论英格兰政制》(*The Governance of England*)，查理·普拉默(Charles Plummer)编，牛津：克拉伦登，1885年，第1、2章。

② 福蒂斯丘(Fortescue)：《英格兰法律赞》(*De Laudibus Legum Anglie*)，克赖姆斯(S. B. Chrimes)编译，剑桥：剑桥大学出版社，1942年，第13章。

连属化，人民肇兴成为王国(*ex populo erumpit regnum*)。福蒂斯丘铸造了“肇兴”(eruption)一词作为标识社会之最初连属化的专门术语，他铸造了另一词“鼎革”(proruption)来标识连属化的推进，比如从一个王权专制的王国转变为一个政治家的王国。这套关于人民之肇兴的理论，并不是一种自然状态理论——人民通过契约走出自然状态，形成受制于法律的秩序。福蒂斯丘敏锐地意识到其中的差异。为了使得他的论点变得清晰，他批判了圣奥古斯丁对于人民的界定，奥古斯丁认为，人民是以对一种正义秩序和利益团契的同意而联合的民众。福蒂斯丘坚持认为，这样的人民是无首的(*acephalus*)，一个无头的躯干；仅当统治该身体的首领得以设立(*rex erectus est*)时，王国才得以获致。 43

“肇兴”和“鼎革”这两个概念的创建，本身绝非细小的理论成就，因为它使我们能够辨别代表中的成分，在西方世界，由于接下来数百年里法学的符号话语开始主宰对政治现实的解释，这一成分几乎已被遗忘。但福蒂斯丘走得更远。他知道，有机体比喻能够作为建构他的肇兴概念的脚手架，但在别的地方却几乎毫无认知性的用处。至于连属化的王国，有某种东西，一个内在的本体(substance)，提供社会黏合力，这个东西并不能借助有机体比喻来把握。为了接近这个神秘的本体，他把神秘身体(*corpus mysticum*)这一基督教的符号移用于王国。他的分析中的这项重要举措，具有不止一方面的好处。首先，人们可以认为，它表明已连属为教会和帝国的基督教社会之衰亡；也相应地表明封闭成以自我为中心的社会的民族王国之不断巩固。其次，这项举措表明诸王国已获得了一种特有的意义终极性。在把神秘身体移用于王

国的过程中，我们能感觉到趋于政治社会的进化，这种政治社会不仅要取代帝国，还要取代教会。可以肯定，这些意涵并没有被福蒂斯丘想到，哪怕是最模糊地想到；但这种移用仍然指向一个代表者，这个代表者将在人之存在的全部范围，包括其精神维度方面代表社会。相反，福蒂斯丘本人相当明白，王国仅仅是在比喻的意义上才能被称为一个神秘身体。第三，对比项（*tertium comparationis*）
44 将是共同体的神圣纽带，但这一神圣纽带，既不会是居于基督教神秘身体之成员身上的基督的道，也不会是居于现代极权主义社会中的一种邪道。不过，尽管他不清楚他之探索社会的一种内在之道的意涵，然而他还是为之找到了一个名字，称之为民意（*intencio populi*）。民意是王国的神秘身体的中枢；他再次在有机体比喻中，把它描述为心脏，有利于人民福祉的政治补给品被视为营养血液，借之输送到这个身体的头部和肢体。请注意在这一上下文中有机体比喻的作用：它不是把社会的某个成员等同于身体的一个相应的器官，而是相反，它努力表明，一个社会身体的生命中枢，是无法在其任何的人类成员那里找到的。民意既不在王室代表者那里，也不在作为一群臣民的人民那里，而是作为一个整体之王国的无形的活的中枢。在这个提法中，“人民”一词不是指一大群外在的人，而是指在连属化中肇兴的神秘本体；“意愿”一词指这本体想要肇兴及使自身作为一个实体而进入连属性存在的迫切愿望或动机，这种实体通过自身的连属化，能够提供福祉。

当福蒂斯丘把他的概念具体地运用于《论英格兰政制》中时，通过与封建等级制的王室等级概念作对比，他多少进一步阐明了他关于王室代表者的观念。在封建制的概念中，国王是“世上最高

的世俗等级”，在级别上低于教士等级，但高于王国内的封建附
庸。[1] 福蒂斯丘接受基督教世界(*Christianitas*)的等级秩序；他远
远没有想过一个封闭的主权国家这样的观念；但他通过给王室代 45
表者赋予一种双重功能，从而使新的神秘身体侵入基督的神秘身
体。在基督教世界的秩序中，国王依然是最高的世俗等级；但与此
同时，王室等级被理解为一种负责主持防务和主持正义的公职。
福蒂斯丘引用圣托马斯的话：“为了国而立王，非为了王而设国”，
然后他继续总结道：国王在其王国中，其身份等同于教皇在教会中
的身份，是上帝仆人的仆人(*servus servorum Dei*)；因此，“国王做
的一切，都应该归之于他的王国”——关于代表问题的最精练
提法。[2]

7

对这套符号话语的详细阐述，是福蒂斯丘作为一位理论家的个人成就。英格兰王国和法兰西王国，在百年战争扫荡了封建权力场域，使得两国领土确定下来之后，有力地在时代刻下了它们作为权力单元存在的烙印。福蒂斯丘试图阐明，这些奇怪的新实体——王国——真正是什么；他的理论是对一个产生于现实的问题的原创性解答。然而，在他的解答中，他受惠于一个早于西方帝国之创建、从大迁徙时代延续至他那个时代的政治连属化传统。

① 福蒂斯丘：《论英格兰政制》，第8章。

② 同前。

在《论英格兰政制》的一个未受到充分注意的章节中，他用许多版本中的一个版本的特洛伊流亡者之创建移民王国来作为他的政治连属化的范例。西方诸王国是在埃涅阿斯的一个儿子或孙子带领下由一帮特洛伊人创建的，这个神话广为流传；在西方早期数百年里，它被用来为新建诸侯国夺占一份与罗马分庭抗礼的建国尊严。
46 在福蒂斯丘的范例中，站在英格兰世界之开端的，正是这样一伙在不列颠人（Britains）的名祖布鲁图斯（Brutus）带领下的人。他写道，当这样“一大群百姓作为一个团体追随布鲁图斯来到岛上，愿意联合组建一个叫作王国的政治体，设一个首领统治之……他们选择了这个布鲁图斯当他们的首领和国王。他们和他之间的这种结合与建制，从而使他们自己联合成一个王国，注定了这个王国要由他们全体赞同的法律来统治和证成”。[①]

对于当前的目的而言，这个神话中以特洛伊来同罗马相匹敌的成分仅有次要的意义；重要的是在神话的伪装下，记载着移民团伙连属为政治社会的实际过程。这个神话指向连属化本身的最初阶段，并提醒人们把目光投注于政治社会之创建的原始叙述以及描述这种连属化所使用的术语。为了这个目的，我要从写于8世纪下半叶的保罗·狄亚康《伦巴第人史》中选几段话。

在保罗的叙述中，伦巴第人的活动史始于两位公爵去世之后，人民决定不想再生活在公爵们统治下的小规模的联盟集团里，而

① 福蒂斯丘：《论英格兰政制》，第3章；又见福蒂斯丘：《英格兰法律赞》，第13章。

是“要像列国一样为自己立一个王”。[①] 这里的语言受到了《撒母耳记》的影响，以色列人在书中说，他们希望像列国一样有一个王；而众多部落连属为一个王国的实际过程，却记载得十分清楚。在迁徙过程中，松散的部落联盟是非常脆弱的，为了更有效地处理军民事务，人们选出了一个国王；他是从一个“他们公认的名门贵胄” 47
中选出的。这一叙述深刻地触及了历史上具体的、最初的连属化。在这个情境里，存在着一种所谓的社会的原材料，它由许多处于部落水平的集团构成，它们足够同质，可将自身连属为一个更大的社会。此外，可以看到环境的某种压力，为连属化提供了刺激；最后，许多血统高贵和人格魅力十足的集团成员，变成了成功的代表者。

但现在让我们进一步追随这位伦巴第人的史家。选出了一个国王之后，伦巴第人开始攻无不克，战无不胜。最初，赫鲁尔人被打败了，权力遭到极大削弱，“他们不再有一个国王”。[②] 后来是与戈比德人的战争，决定性的事件是戈比德国王之子的死，“他一直是造成战争的主要推手”。[③] 这位年轻的王子死后，戈比德人溃逃了，他们“最终沉于九渊，不再有一个国王了”。类似的段落，从别的大迁徙时代的史家那里也能采集到。一个绝佳的例子是，伊西多尔讲过，阿兰人和苏贝人如何因为哥特人而丧失了他们王国的独立，但奇怪的是，在西班牙维持了他们的王权很长时间，“尽管他们在安宁的生活中已不再需要它”。整个大迁徙的历史编纂，从5

---

① 《保罗伦巴第人史》(*Pauli Historia Langobardorum*)，汉诺威，1878年，第1卷第14节。

② 同前，第20节。

③ 同前，第23节。

世纪到8世纪，一个政治社会的历史的存在不断地用获得、拥有或失去王，失去王室代表者来表达。为了连属以利于行动意味着要有一个国王；失去国王意味着失去行动的适当性；当这个集团不再
48 行动，它就不需要一个国王了。①

8

适才考察的那些理论化属于西方诸政治社会的创建时期和中世纪晚期的巩固时期。当一个社会陷入瓦解的危险地带时，代表者的连属化的问题就会再度引发人们的兴趣。第三共和国的萎靡不振，是莫里斯·奥里乌提出他的代表理论时所处的时代氛围。下面要对奥里乌在《宪法精义》中提出的理论作一些概括。②

在奥里乌看来，一个政府的权力是合法的，靠的是它作为一个体制的代表，尤其是它作为国家的代表而发挥作用。国家是一个民族的共同体，统治权力在其中处理"*res publica*"（国家/公共）的事务。统治权力的首要任务是通过把先前存在的、无组织的繁多人群转变为一个适于行动的有组织的身体，创建一个政治上统一的国家。这种建制的内核是一个理念，即"指导思想"（*idée directrice*），那就是实现和增强它，巩固它的权力；统治者的特定职

---

① 对这个问题的考察，参看阿尔弗雷德·达夫（Alfred Dove）的《民族原则重新进入世界史》（*Der Wiedereintritt des nationalen Prinzips in die Weltgeschichte*），1890出版，收入《作品选集》，1898年。

② 莫里斯·奥里乌（Maurice Hauriou）：《宪法精义》（*Précis de Droit Constitutionnel*），第2版，1929年。

能就是孕育这一思想及其在历史中的实现。当统治者开始致力于这一思想，并获得成员们的“经常性的同意”（*consentement coutumier*）时，建制就成功地完成了。成为代表意味着在统治的位置上，通过具体制度来领导这一思想的实现事业；一个统治者只要能使他的实际权力代表这一思想，他的权力就具有权威性。

从这一看法中，奥里乌得出一组关于权力与法律之关系的命题：（1）一个代表者的权力的权威从存在上说先于实证法对于该权 49
力的规定。（2）由于权力在建制中的基础，权力本身就是一个法律事实；一个权力只要享有代表者的权威，就能制定实证法。（3）法律的起源不能在法律规定中寻找，而是必须在以命令消除纷争之局的决断中寻找。

上面所概括的理论和命题，针对的是第三共和国的某些众所周知的弱点；奥里乌的分析的教诲可以概括为如下要旨：一个政府要想成为代表，只成为宪法意义（我们的初级型的代表制）上的代表是不够的；它还必须是促成建制的理念之实现的存在意义上的代表（representative in the existential sense）。隐含的告诫可以表达为：假如一个政府只是宪法意义上的代表，那么一个存在意义上的代表性统治者迟早会把它终结掉；而且十分可能，这个新的存在上的统治者在宪法意义上并没有多少代表性。

9

在这个层面上对代表的分析已经结束。可简短总结如下。

我们相继探讨了初级意义上和存在意义上的代表。有必要从一个类型转向另一个类型是因为，仅只描述一个社会的外在实现，并没有触及它的存在这个根本问题。然后，对存在之条件的探究带领我们进入了连属化的问题，以及对不同类型的连属化与代表之间的密切对应关系的理解。这一分析的结果可以通过如下界定来表达：一个政治社会之存在，肇始于该社会使自身连属化并产生
50 一个代表。如果接受这个界定，随之而来的是，初级型的代表制包含一种特殊类型的连属化和代表的外在实现。因此，在批判科学中，应当把“代表”这个术语的使用限定在其存在的意义上。只有对它的使用作如此限定，社会的连属化才会清晰地进入视野，作为存在上高于一切的问题；而且只有这样，才能获得对于通常所谓的代表制度得以产生的那些十分特殊的历史条件的清晰理解。我们已提到过，这些代表制度只出现在希腊—罗马和西方文明中；它们得以发展的条件已被初步阐述为，个体作为一个可代表之单元的连属化。然后，这一分析附带而来出现了许多此刻无法深入探讨的问题——比如“人民”，福蒂斯丘的“民意”及其内在主义的意涵，这种封闭王国与教会中人们的精神代表的关系。这些松散的线头，会在此后的讲座中收束起来。

然而，对概念的恰当分殊，不仅只具有理论的意义。对两个类型不加以充分的区别，可以视为政治现实中的一个事实。作为现实中的一种事实，这个混乱导致了其自身的问题。一个特殊类型的连属化持久地霸占了“代表”这一符号，这是一种政治的和文明的褊狭病（provincialism）的症候。这类褊狭病，当它们遮蔽实在之结构时，就会变得危险。奥里乌非常强烈地指出，初级型的代表
51 并不能保证免于存在上的瓦解和社会的再连属化。当一个代表不

再履行他的存在上的职分时，他在宪法上的合法地位并不能拯救他；用汤因比的术语来说，当一个“创造少数”(a creative minority)已蜕化成“统治少数”(a dominant minority)时，它就面临着被一个新的创造少数取代的危险。在我们的时代，对这个问题的事实上的忽略，是造成西方诸政治社会的严重内部动荡及其巨大国际反响的一个重要因素。我们自己的对外政策，试图通过向许多地区推广初级意义上的代表制度来治疗世界的邪恶，而在那些地区却没有这些制度起作用的存在上的条件，这种真诚而幼稚的努力是造成国际混乱状态的因素之一。对于科学家而言，这种不顾结果、一意孤行的偏执心态本身就是一个有趣的问题。人们无法解释西方民主国家的奇怪政策为何会导致持续不断的战争，以及政治家个人的缺点——尽管这些缺点非常明显。这些政策更多的是表明了深深地植根于我们当代西方社会的广大群众的情绪和意见中的顽固地拒绝面对现实的心态。仅仅因为它们是一个巨大现象的表
征，就有理由讲西方文明的危机。在这些讲座中，我们会细致地研 52
究这一现象的原因；但对它们的批判的解释预设了一种对理论和现实之间关系的更清晰的理解。是故，我们必须重新回到这一讲开篇时没有完成的理论情境。

二、代表与真理

1

在最初的研究中，这一分析使用了亚里士多德的方法，就是考察语言符号在政治现实中的用法，希望这种阐述方法能够得出理论上可靠的概念。社会是一个凭借自我解释从内部彰显的意义小宇宙；鉴于这种意义小世界正是政治科学要考察的对象，从现实中的符号开始的方法，至少似乎可以保证抓紧对象。

然而，抓紧对象不过是探究的第一步，在进一步往前路冒险之前，必须搞清楚究竟是否有路，路通往何方。过去所作的许多假设并非无可置疑。过去想当然地以为，人们可以谈社会现实，谈一个考察社会现实的理论家；谈批判的阐明和理论性的语境；谈似乎并非现实中的符号的理论符号；谈许多指涉现实，而同时其意义是来自现实，通过神秘的批判性阐明而得出的概念。显而易见，这一整套的问题令人纠缠不已。是否有可能，理论家是在社会现实之外的人，或者说他并不是社会现实的一部分呢？如果他本人是现实的一部分，那么在何种意义上，现实能够成为他的对象？当他阐明产生于现实中的符号时，他实际是怎么做的？如果他之所为不过

是提出差异，消除歧义，从过于笼统的命题中析取正确的内核，使 53
诸多符号和命题在逻辑上一以贯之，等等，那么是不是每个参与社会自我解释的人，都至少是一个临时的理论家，是不是专门意义上的理论不过是一种较好的反思性的自我解释呢？抑或这个理论家拥有他自己的解释标准，通过这些标准来衡量社会的自我解释，而阐明乃是意味着他就现实中的符号提出一套更高质量的解释？如果是这样，两种解释之间不会有冲突吗？

一个社会用来解释它的存在之意义的符号本应该是真的；如果这个理论家达致了一种不同的解释，那么他就达致了一个关于人在社会中的存在的意义的不同的真理。那么人们会问：理论家代表的这种真理是什么？而正是这种真理，使他具备了标准来衡量社会所代表的真理。这种显然是站在对社会的批判立场上被提出来的真理，它的来源是什么？如果理论家代表的真理应当不同于社会代表的真理，如何能够通过像批判性阐明这样一种无害的过程，从后者中提出前者？

2

当然，我们无法立即回答这些问题；但是这一长串的问题想必已表明理论情境的复杂性。我们的分析将适当地集中于这一长串问题中最接近于当前话题的地方，也就是关于真理之冲突的那些问题。理论家代表的一个真理与社会代表的另一个真理相对立。这样的语言是空洞的，抑或在历史上的政治社会中确实能找到某
种诸如真理之代表的东西？如果情况是这样，代表问题就没有被 54

存在意义上的代表所穷尽。那么就有必要作出如下区分，一是社会通过它的连属了的代表者而被代表，第二层关系是社会本身成为某个超出它自身之物的代表，成为一个超越性实在的代表。这层关系是否能具体地在历史社会中被找到呢？

事实上，这层关系要回过头到超越部落水准的各大政治社会的成文历史中寻找。所有的早期帝国，无论近东还是远东，都把自身理解为一套超越秩序亦即宇宙秩序的代表，它们中有些甚至把这一秩序理解为“道”。人们无论是致力于早期中国文献《尚书》，还是致力于埃及、巴比伦、亚述或波斯的铭文，都会无一例外地发现帝国秩序被解释为一种通过人类社会的这个中介而对宇宙秩序的代表。帝国是一个宇宙的类似物，一个反映大全世界之秩序的小世界。统治成为一种任务，其目的在于确保社会秩序与宇宙秩序相和谐；帝国的疆土是世界及其四维的类比表征；帝国的伟大仪式代表宇宙的韵律；节日和牺牲是一种宇宙性的礼仪，一种对宇宙中的小宇宙的象征性参与；统治者本身代表社会，因为他在地上代表维持宇宙秩序的超越权力。这样一来，“小宇宙”一词就获得一种作为宇宙的代表者的新的意义成分。

这种代表秩序之事业，不可避免地遭到来自内部和外部的敌人的抗拒；统治者不过是人，而且由于环境或措置失当或许会遭到
55 失败，因而造成内部革命或外部失败。对于抗拒以及可能或实际失败的经验，正好可以使真理的意义更清晰地呈现出来。由于社会秩序不会自动地存在，而是必须要被建立、维持和保卫，那些站在秩序一方的人就代表真理，而他们的敌人则代表无序和错误。

一个帝国在这个层面的自我诠释已由阿契美尼德人取得。在歌颂大流士一世功勋的贝希斯敦铭文中说，这位国王战无不胜，因为他是阿胡拉·马兹达的正义工具；他“不是恶人，不是说谎的人”，无论是他还是他的家族，都不是谎言之神阿里曼的仆人，而是“根据正义统治”。[①] 相反，关于他的敌人们，铭文让我们相信，“是谎言让他们叛乱，因为他们欺骗了人民，所以阿胡拉·马兹达把他们交给了我”。[②] 铭文中，帝国的扩张和敌人们的归顺，乃是通过这位作为神圣的智慧之主的代表而行事的国王，创建一个地上的和平王国。此外，这种观念影响到了政治行为的精神。反叛真理之神的人，固然因为他们抗拒国王而可以辨认，但也同样因为他们为了欺骗人民而散播宣传性的谎言，是谎言之神的代表，所以可以辨认。相反，国王负有义务使自己的声明严格正确。铭文中有一段令人感动的话：“按照阿胡拉·马兹达的意旨，我

所作的还有许多其他尚未记入此铭文的事情。所以没有记入，56
是为了免得将来有谁读此铭文时，觉得我所作的过多，以至使他不信，认为这是谎言。”[③]真理的代表是不应有一丝谎言的；他甚至需要矫枉过正。

面对这种夸饰性的道德品行，人们开始想知道，如果有机会反驳，另一方会说什么。人们或许会想知道，当两个以上的这种真理代表者就确立人类的唯一符合真理的秩序而成为竞争对手时，双

---

① L. W. 金（L. W. King）和 R. C. 汤普森（R. C. Thompson）：《贝希斯敦铭文》（*The Sculpture and Inscription of Darius the Great on the Rock of Behistun*），伦敦，1907年，§ LXIII，第 72 页。

② 同前，§ LIV，第 65 页。

③ 同前，§ LVIII，第 68 页。

方会如何礼尚往来。这种冲突当然不常有;不过,13 世纪蒙古人的扩张致使西方帝国受到灭亡的威胁,却为我们提供了一个绝佳的例子。为了摸清这些危险的征服者的意图,以及主要是为了建立联系,教皇和法国国王都派出使团出使蒙古朝廷;使节们携带的照会以及他们口头的陈述,想必对蒙古人在东欧的屠杀颇有怨言,而且暗示这种屠杀是不道德的,受害者是基督教徒时尤其如此,其中甚至要求蒙古人接受洗礼,服从教皇的权威。不过,蒙古人也是精通政治神学的。存下来一封贵由汗致英诺森四世的书信,细致地回复了使节们的陈述。下面是信中的一段话:

> 你们说若我领洗,此是好事;
> 你已告我,并送来请求。
> 你的请求,我们不解。
> 再者:你们有此话说:“你们既取马札儿与基督徒之一切地面;我为此惊异。可向我们说,他们究有何种过恶?”
> 你说此等言语,我们亦不解。
> [然而,对于这一点,我们认为无论如何不能缄默不
> 57 言,必须这样答复你们:]
> 成吉思汗与[窝阔台]汗二人皆将天主命令传知。
> 然天主命令未见信从。
> 你说的这些人甚至开了大会,
> 他们竟敢不逊,杀害我们使臣。
> 在此等地面里,屠灭人民的乃是长生天主。

除天主命令外，能有何人独用自己气力敢杀敢为？
如果你说："我是基督徒，我崇拜天主；我蔑视他人。"
你何以知道天主赦免谁，把慈悲赋予谁？
你何以知道而使你发表此等言语？

仰承天主之力，
从日出到日落，
一切地面皆已委付我们。
除天主命令外，
何人敢有作为？

现在你们应诚心说：
"我们要做你的臣属，
我们要向你们尽力。"
你本人亲率诸王一齐来朝，尽职效忠。
待至此时，我们将知你们归顺。
若是你们不尊天主命令，
而违背我们谕旨，
我们将知你们是敌人。

我们宣谕之词如此。
若是你们违犯，
我们将来如何知之？

58 天主将知之也。[①]

真理与真理的这次遭遇听起来很耳熟。如果把蒙古人的法理论的一些推论纳入考虑,那听起来就更令人耳熟了。建造帝国的基础,亦即天主的命令,保存于贵由汗和蒙哥汗的诏书里:

> 奉长生天主之命
> 天主之子成吉思汗谕:
> 天主是万有之上不朽的主,
> 成吉思汗是地上之唯一的主。[②]

主成吉思汗的帝国,它的存在是理之当然(*de jure*),即便尚未在事实上(*de facto*)得以实现。根据天主的命令,所有的人类社会都属于蒙古帝国,即便它们还没有被征服。是故,帝国的实际扩张,遵循一种十分严格的法律程序。当某些社会实际上要被帝国吞并

---

① 信件的波斯文原本和法文译本见伯希和(Paul Pellior):“蒙古与教廷”(Les Mongols et la papauté),载于《东方基督教杂志》(*Revue de l'Orent Chrétien*),卷 3 第 3 号(1923 年)。方括号中的那句话取自同一封书信的拉丁文版本,该文本见《萨林贝内修士编年史》(*Chronica Fratris Salimbene*),霍尔德尔-埃格尔(O. Holder-Egger),《日耳曼史材荟萃》(学校用书)第 32 种(*Monumenta Germanica Hisorica*,SS,32),第 208 页。对未逸失的蒙古语文献的收集和校订,参看沃格林(Eric Voegelin):“蒙古人要欧洲列强归顺的命令,1245—1255 年”(The Mongol Orders of Submission to European Powers,1245-1255),载《拜占庭》(*Byzantion*)第 15 卷(1940—1941 年)。

② 引自《贵由汗诏书》,载于博韦的文森特(Vincent of Beauvais):《史鉴》(*Speculum Historiale*)(s. l.,1474),第 31 卷,第 51、52 章;沃格林:“蒙古人要欧洲列强归顺的命令,1245—1255 年”,第 389 页。

时，必有使节向它们通报天主的命令，并要求它们归顺。如果它们拒不归顺，或杀死使节，那它们就是叛乱者，就要遭到军事的惩罚。因此，蒙古帝国从其自身的法律秩序来说，从未实施过一场战争，只有针对帝国的造反臣民发起的征伐。[①]

至此已显而易见，贝希斯敦铭文和蒙古人的命令绝非远古轶事，而是例证了任何时代，尤其是在我们的时代，政治中可能出现的一种结构。一个社会把自身理解为宇宙秩序的代表，这种自我 59
理解肇始于专门意义上的宇宙论帝国时代，但不限于该时代。宇宙论的代表，不仅在西方中世纪的帝国符号或传至12世纪中国的那种延续性中保留下来；在有待被代表的真理以一种完全不同的方式被符号化的那些地方，它的原则也照样清晰可辨。比如说，在马克思主义辩证法中，宇宙秩序的真理被代之以一种历史上固有的秩序的真理。然而，共产主义运动之代表这种被以不同方式符号化的真理，与一个蒙古汗之代表天主命令中所含有的真理如出一辙；对这一代表的意识，将导致与其他对真理的大一统代表的范例中同样的政治法律结构。它的秩序与历史真理相协调一致；它的目标是建立自由与和平的王国；其反对者逆历史真理而动，最终必将遭到失败；没有人能够正当地对苏联作战，对苏联开战的，必是历史中的谎言的代表，或者用时下的语言说就是侵略者；那些受害者并不是遭到征服，而是从他们的压迫者手里，以及从他们的存在的谎言中被解放出来。

① 沃格林："蒙古人要欧洲列强归顺的命令，1245—1255年"，第404页及以下诸页。

3

因此，作为真理之代表的政治社会，实际上是在历史中产生的。不过一旦认识到这个事实，许多新的问题又来了。是否一切政治社会都是一元的实体，它们凭自封为帝国而表达着真理的普遍性？这种一元论的代表能否因为对于在每个案例中的真理的正确性的质问而被打破？是否帝国之间的撞击是检验真理的唯一方法，而获胜的势力就是正当的？显而易见，仅仅提出这些问题在某
60 种程度上就是答案。正是随着提出这些问题的行为本身，一元论代表的符咒被打破了；随着我们的质问，我们已使自己成为真理的代表，我们正是以真理的名义发起质问的——尽管真理的性质和来源可能只是被隐约地看到。然而，除此而外，诸多难题产生了。挑战帝国的真理与确立挑战性的理论真理，是一项更为复杂的事情，需要一种更详尽的检讨。

发现可以挑战宇宙论帝国之真理的真理，本身就是一个具有许多重要维度的历史事件。这是一个在人类历史上长达五百年的过程，更确切地说，大约相当于公元前 800 年至公元前 300 年这段时期；它在多个文明中同时发生，却并没有明显的互相影响。在中国，是孔子、老子和诸子百家时代；在印度，是奥义书和佛陀时代；在波斯，是琐罗亚斯德教时代；在以色列，是先知时代；在希腊，是悲剧和哲学家们的时代。公元前 500 年前后这段时期，也就是赫拉克利特、佛陀、孔子同时在世之时，或许可视为这一旷日持久的过程中的一个特别典型的阶段。哲学家们和先知们的这个同步的

真理突破(outbreak of the truth),随着18、19世纪历史视野的扩大而完全进入人们的视线之后,一直引发历史学家和哲学家的关注。有些人倾向于把它视为人类历史中的决定性的纪元。卡尔·雅斯贝尔斯(Karl Jaspers)在最近一部论著《历史的起源与目标》(*Vom Ursprung und Ziel der Geschichte*)中,称之为人类历史的轴心时代,对于一切人类至关重要的最伟大的纪元,以区别于基督的纪元,后者据说只是对于基督徒而言至关重要。[①] 而在同时代 61
社会哲学的第一流杰作中,在《论道德和宗教的两个来源》(*Les Deux source de la morale et de la religion*)中,亨利·柏格森(Henri Bergson)提出了封闭社会和开放社会的概念,目的在于描写由这个纪元所开创的人类发展过程中的两种社会状态。[②] 就这个问题的一般取向而言,更多类似的简洁提示已是不可能之数;我们必须转向这个突破在西方所呈现的更为特殊的形式。只是在西方,由于其他文明所不曾有过的特定历史环境,这个突破在希腊意义上的哲学尤其是一种政治理论的建立中到达了顶峰。

4

大家熟悉柏拉图有一句经常被人们引用的话,城邦是一个大

---

① 卡尔·雅斯贝尔斯:《历史的起源与目标》,苏黎世,1949年,第18页及以下诸页。

② 亨利·柏格森:《论道德和宗教的两个来源》,巴黎,1932年,各处,尤其是第287页及以下诸页。

写的人。[①] 人们可以说，这一提法是这个新纪元的信条。毫无疑问，它是柏拉图关于该问题的开篇词，却绝不是他的结论。但是，无论这个原理因其他原理的引入而受到多大的限制，就算必须对宇宙论的解释作出让步，必须对它多少包含着的真理作出让步，这个原理终究是这种新的政治理论的动力核心。这个原理必定已永久性地被植入认为社会所代表的正是宇宙真理这一观念中，在今天来得与柏拉图时代一样彻底。一个存在中的政治社会必须是一个有序的小宇宙，但不能以人为代价；它不仅应该是一个微型的宇宙（*microcosmos*），还应该是一个巨型的人（*macroanthropos*）。柏拉图的这个原理，将简称为人类学的原理（anthropological principle）。

这个原理的两个方面必须加以区别。一方面，它是用来解释社会的一个普遍原理；另一方面，它是一种社会批判的工具。

62 作为一个普遍原理，它的意思是说，每个有秩序的社会，都反映了组成该社会之人的类型。例如，或许可以说，宇宙论帝国由这样一种人组成，他们把他们的生存真理经验为与宇宙的一种和谐。当然，这本身就是一个具有头等重要性的启发性原理；每当理论家想要理解一个政治社会时，搞清楚在这个具体社会之秩序中表达自身的人的类型，即使不是他的第一项任务，也是他最初的任务之一。当柏拉图解释雅典秩序的种种特色，把它们归因于社会上占统治地位的诡辩家类型，从而把他所生活于其中的雅典社会描写

① 柏拉图：《理想国》，368c-d。

为大写的诡辩家时,[①]他是在第一种意义上运用这个原理。另外,他把他的理想城邦作为社会秩序的典型构筑提出,里面应该表现他的哲学家类型的人,[②]这时他也是在这个意义上运用这个原理;最后,在《理想国》第八、九卷里,他把政治秩序的一连串的变化解释为是对社会上占统治地位的人的类型的相应变化的表达,[③]他是在第一种意义上使用这个原理。

这个原理之作为社会批判工具的运用,与第一个方面密切相连。社会秩序的差异之所以呈现为人的类型的差异,终究是因为对人之心灵的真正秩序的发现,是因为发现者想要把这一真正的秩序在社会环境中进行表达的欲望。既然真理从来就不是在真空中被发现;对真理的发现是在一个紧密包裹的意见环境中的一种分殊化行为;如果这种发现涉及人之存在的真理,那么它就会以其最强烈的信念,在广泛的战线上对该环境造成冲击。一旦这个发现者开始传布思想、要求获得接受、说服他人,他就不可避免地遭到阻力,这种阻力有时是致命的,比如说苏格拉底的案例。正如在宇宙论帝国中,敌人被揭露为谎言的代表,现在也同样如此,通过 63
对阻力和冲突的经验,反对者被揭露为关于灵魂秩序的虚假、谬误、谎言的代表。[④] 因此,柏拉图笔下的那几种类型,并不构成一个人之品类的单调的目录,而是被区分为一类真正的人与几个在

① 柏拉图:《理想国》,492b。

② 同前,435e。

③ 同前,544d-e。

④ 同前,382a。

心灵上混乱的类型。[1]

把真正的人等同于哲学家，这一点必须好好地加以理解，因为它的含义如今被种种现代主义的偏见遮蔽了。如今，在一种哲学史的回顾中，柏拉图的哲学已成为可与其他的哲学相提并论的一种。而在柏拉图的意图里，他的理论不是要提出**一种**关于人的哲学；柏拉图实际上是致力考察人的灵魂，灵魂的真正秩序端赖于严格意义上的哲学，亦即对神圣智慧（*sophon*）的爱。[2] 这种含义在圣奥古斯丁那里依然不绝如缕，他把希腊文中的哲学家译为拉丁语的“*amator sapientiae*”（爱智者）。[3] 凭着灵魂对神圣智慧（*sophon*）的爱欲，灵魂的真理必然可以获致。因此，人的真正秩序是灵魂的一种构造，由某些足以影响一种品格之形成的经验来规定。这个意义上的灵魂的真正秩序，为度量和划分现实中形形色色的人之类型以及他们在其中得以表达自身的社会秩序的类型提
64 供了标准。

5

这正是理论之含义赖以成立的关键点。理论绝不只是关于社会中的人之存在的任何臆度；它毋宁说是一种尝试，通过阐述一个确定类型的经验的内容来阐明存在的意义。它的论证不是武断

---

① 柏拉图区分了哲学家（*philosophos*，爱智慧者）与爱意见者（*philodoxos*），同前，480。

② 柏拉图：《菲德若篇》，278d-e；参看《赫拉克利特残篇》，B35、B40、B50、B108。

③ 奥古斯丁：《上帝之城》，卷三第1章。

的，而是从经验的合集中得到它的正确性，为了实际的控制，它必须不断地诉诸经验。亚里士多德是第一个认识到有关人的理论化的这个情况的思想家。对于这里所说的在经验的合集中形成其品格的人，亚里士多德创造了一个术语，称之为真诚之人（*spoudaios*）、成熟的人。[①] 真诚之人是，这人已最大限度地实现人之本性的潜能，他已把他的品格塑造为智力德性和伦理德性的从心所欲的实现，这个处于完全发展状态的人，有能力拥有理论的生命（*bios theoretikos*）。因此，亚里士多德意义上的伦理科学，是一种对真诚之人的研究。[②] 此外，亚里士多德敏锐地意识到这套关于人的理论的实践上的推论。首先，理论并不是每个人在所有情况下都能提出的。理论家或许不需要自己是一个德性的模范，但是他必须至少能够富有想像力的重演他的理论所解释的经验；这种能力，只能产生于某些情况下，比如说，经济基础允许人经年累月地投身于这样一些研究，社会环境在一个人从事于这些研究时不压迫他。其次，理论作为特定经验的一种说明，只是对于那些人是可理解的，在这些人中这说明会激起作为检验理论之真理性的现实基础的相似经验。一个理论阐述，除非激起至少一定程度的 65
相应经验，否则就会给人造成一种空言的印象，也许还会被作为一种无关紧要的主观意见的表达而遭到拒斥。理论争辩只能在亚里士多德意义上的真诚之人中间进行；理论不能反驳一个觉得或假装觉得不能重演经验的人。因此在历史上，对理论性真理的发现，

① 亚里士多德：《尼各马可伦理学》，1113a29-35。

② 同前，1176a17 以下。

或许全然不能被周遭的社会所接受。亚里士多德对这一点并不抱有幻想。的确,像柏拉图一样,他尝试了一种对社会秩序的典型建构,这种建构本该表达关于《政治学》第七、八卷中的真诚之人的真理,但他也非常遗憾地断言,在当时的希腊城邦中,没有哪个城邦,在里面能够找到一百个人,可以组成这样一个社会的统治核心;任何要把它实现的努力终将徒劳无功。实践上的死路一条似乎就是结局。[①]

这里不可能对经验展开研究。这个题目太大,即便是一篇长文都不敷用。这里只能给出一个简短的目录,以引起大家对历史知识的兴趣。前面提到了对神圣智慧(*sophon*)的爱,这里要加上柏拉图笔下的对美(*kalon*)和至善(*agathon*)的爱欲(*Eros*)这两个变种,以及柏拉图笔下的正义(Dike),就是灵魂里各种力量的正确的上下位置的德性,与诡辩家的多管闲事(*polypragmosyne*)相反;以及最重要的是,必须把对于塔那托斯(Thanatos),亦即死亡的经验包括进来,作为灵魂的释放性经验,它通过把行为置于最长期的观照,对死亡的观照而净化行为。在柏拉图看来,从死亡的角度而言,哲人的生命乃是死的演练;哲学家的灵魂是死的灵魂——
66 在《高尔吉亚》的意义上,当哲学家作为真理的代表者言说时,他这样做就带着死亡对于生命之短视的权威。在死亡、爱欲和正义这三种基本的力量之上,应该加入仍然是柏拉图范畴的如下经验,在这种经验里,灵魂的内在维度是在高和深方面被给予的。这种在高方面的维度,是通过神秘的攀升来衡量的,超越否定之道(*via*

① 亚里士多德:《政治学》,1286b8-21,1302a2。

negativa)，向着超越的境界攀升——《会饮》的主题。在深方面的维度，是通过回忆性地下降到无意识的深渊来探明的，正是从这深处，引出了《蒂迈欧》和《克里提亚》的“真言”(*true logoi*)。

对这些经验的发现和探索，在柏拉图之前几百年就已开始，在他之后还在继续。比如说，柏拉图式的下降至灵魂的深处，区分了赫拉克利特和埃斯库罗斯所探索的经验。赫拉克利特的名字提醒我们，以弗所人早已发现了在圣保罗的亲身经验的三德中再次出现的爱、望、信三德。就否定之道(*via negativa*)而言，柏拉图能够利用巴门尼德已在他的说教诗中给出的那些神话以及对那条通往真理之路的描写。值得一提的是与柏拉图的范畴关系密切的亚里士多德的友爱(*philia*)，这种友爱是成熟的人们之间的真正共同体的经验的核心；亚里士多德的对理智本身的爱，是在倾听赫拉克利特的人类共通逻各斯的友道。

6

这些线索尽管是简短的、不彻底的，然而想必已足以召唤那类构成柏拉图和亚里士多德意义上的理论之基础的经验了。现在必须搞清楚，为什么他们应该成为一个关于人之存在的真理的载体，就是与旧日神话的真理相颉颃的真理，为什么理论家作为这个真理的代表，应该能够以他的权威与社会的权威相抗衡？ 67

对这个问题的回答必须从正在讨论的经验的本性中寻找。对于这个新真理的发现并不是内在主义意义上的心理学知识的增进；毋宁说，乃是发现心本身作为人内部的一个新的中心，在那里人把自己经验为向超越的实在敞开。此外,这个中心之被发现,并非仿佛它是一个对象,早已在一切时间中在场,只是原来没有被注意到。心作为一个区域——在那里超越被经验到——必须从一种更简密的灵魂结构中分殊出来;它必须被开发,被命名。如果对简密性和分殊化的问题予以适当考虑,那几乎可以说,发现心之前,人并没有灵魂。因此,正是这个发现,制造出它的经验材料以及它的解释;灵魂的敞开性(the openness of the soul)因灵魂自身的敞开而被经验到。这一敞开,既是一种行动也是一种激情,我们应归功于许多天才的神秘主义哲学家。[1]

这些经验开始成为一种新权威的来源。凭借灵魂的敞开,哲学家发现自己与上帝处于一种全新的关系;他不仅发现他自己的心是经验超越的工具,而且同时在它的完全非人的超越中发现神性。因此,心的分殊化,是与一个关于上帝的真理密不可分的。灵魂的真正秩序能够成为用来度量人的类型和社会秩序类型的标准,因为它代表关于超越境界中的人之存在的真理。因此,这个人类学原理的意义必须通过如下理解而予以限定,就是成为社会批判之工具的,不是一个关于人的武断观念,认为人是内在于世界的
68 存在,而是关于那样一个人的观念,他因寻找自身与上帝的真正关系,而发现了自己的真正本性。这里发现的新的社会批判尺度,其

① 关于心之含义的演变,参看维尔纳·耶格尔(Werner Jaeger):《早期希腊哲学家的神学》(*The Theology of the Early Greek Philosophers*),牛津,1947年,尤其是第5章;以及布鲁诺·斯内尔(Bruno Snell):《灵魂之发现:欧洲思想的希腊源头研究》(*Die Entdeckung des Geistes: Studien zur Entstehung des europäischen Denkens bei den Griechen*),汉堡,1948年。

实不是人自身，而是因其心的分殊化而成为神的真理之代表的人。

因此，为了对社会加以理论解释，这个人类学原理必须补之以第二个原理。柏拉图发明了“上帝是尺度”的提法，与普罗泰戈拉的人是尺度针锋相对，就表达了这第二个原理。[①] 柏拉图提出这个原理，为一段漫长的进程划上了句号。他的祖先梭伦就已在探索这种有权威凌驾于雅典各宗派的真理，他无奈地承认：“很难知晓这个看不见的正确判断的尺度——然而唯有它含有万物的正确界限。”[②]作为一个政治家，他生活在这个看不见的尺度与将之在社会的良好秩序中体现出来的必要性之间的紧张中；一方面，“不朽者的心灵是人全然看不见的”，[③]另一方面，“在诸神的吩咐下我做了我所做的事情”。[④] 然后，赫拉克利特这个总是对柏拉图的理念构成最大影响的人，更深地进到通向这个不可见尺度的那些经验。他意识到它的压倒性的正确性：“不可见的和谐比可见的要更好(或更优越、更强大)”。[⑤] 但是这种不可见的和谐是难以找到的，它根本就不可能被找到，除非灵魂被一种预见性的冲动引向正确的方向：“如果你不抱希望，你就不会发现意想不到之物，因为它是难以察觉的，这条路完全是无法通行的”；[⑥]以及“缺失信仰 69

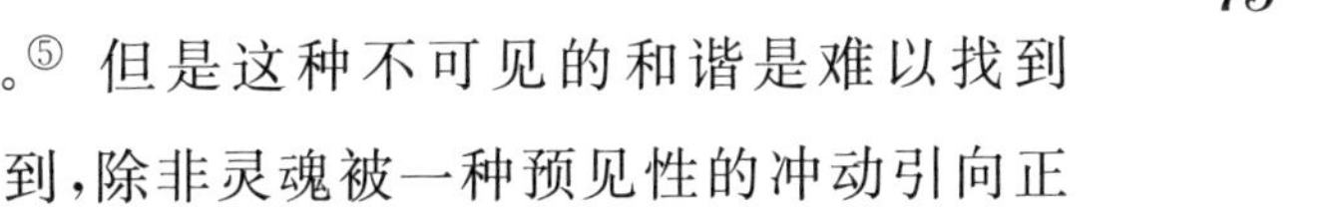

① 柏拉图：《法篇》，716c。

② 《诗集》(*Elegy and Iambus*，Loeb Classical Library)，楼卜古典丛书，卷一，梭伦 16。

③ 同前，梭伦 17。

④ 同前，梭伦 34，vs. 6。

⑤ 第尔斯、克兰茨：《前苏格拉底残篇》，赫拉克利特 B54。

⑥ 同前，赫拉克利特 B18。

(*apistie*),神(?)不得见”。[①] 最后,柏拉图已吸收了色诺芬尼对于诸神的不得体的符号化的批判。色诺芬尼的论点是,只要人们是按照自己的形象创造诸神,唯一上帝的本性就必然停留在隐秘中,就是那个“在诸神和人们中间最伟大的,不像有肉身或思想的凡人”;[②] 仅当唯一上帝在他无形的超越中被理解为对每个人而言都是同一个上帝,每个人的本性才会由于人与超越的神的关系的同一性而被理解为是同一的。在所有早期希腊思想家里面,色诺芬尼或许最能深刻体察由于普遍的超越之经验而造成的关于人的普遍观念。[③]

人的真理和上帝的真理是密不可分的一。当人心向上帝的真理敞开时,人就会处于他的存在的真理之中了;当上帝的真理塑造了人心,使之对那不可见的尺度具有感受性时,上帝的真理就会在历史上变得明显了。这是《理想国》的伟大主题;在对话的中部,柏拉图设置了洞穴喻,以形容转向(*periagoge*),就是从人之存在的非真理,例如在雅典的诡辩家社会中盛行的非真理,转向理念的真理。[④] 此外,柏拉图知道,获取存在之真理的最好办法是从早期童年就进行恰当的教育;由于这个原因,在《理想国》第二卷,他希望从年轻人的教育中排除对诸神的不得体的符号化,比如在诗人们
70 的作品中看到的那样,而代之以得体的符号。[⑤] 在这里,他提出了处理这些问题的专门词汇。为了讨论各种类型的符号化,他铸造了

---

① 《赫拉克利特残篇》B86。

② 同前,色诺芬尼 B23。

③ 耶格尔:《早期希腊哲学家的神学》,第三章:“色诺芬尼的上帝学说”。

④ 柏拉图:《理想国》,518d-e。

⑤ 同前,378-379。

“神学”一词,把它们称为诸多类型的神学(*typoi peri theologias*)。[①]此外在同一个地方,柏拉图辨析了这个问题的灵知成分。如果年轻时灵魂就被迫陶冶于错误类型的神学,灵魂中的决定性的核心部分,就是用来认识上帝本性的那个部分,就会被扭曲;它将会沦为对于诸神的误解的“大谎言”(*alethos pseudos*)的猎物。[②] 这种谎言不是日常生活中的普通谎言,对于普通谎言,或许有减缓的环境;而是“灵魂里的无知(*agnoia*)”的最高的谎言。[③] 因此,要是采用柏拉图的术语,可以说,理论性的社会解释中的人类学原理,要求神学的原理作为它的关联项。柏拉图和亚里士多德所提出的标准的正确性,取决于这种人的概念,由于上帝是他的灵魂的尺度,所以他能够成为社会的尺度。

7

理论家是与社会所代表的真理相对立的一种新真理的代表。这是相当肯定的。但似乎还需要解释一种绝境,就是这个新的真理几乎不大可能发生社会效用,用它的意象来构造一个社会。

实际上,这种绝境从来就不存在。它的面目是由于柏拉图对雅典的失望之情被创造出来的。当时的雅典城邦确实不再能够进行伟大的精神革新——但如果把注意力聚焦于该城邦对苏格拉底和柏拉图的抵制,那么它并不总是像它看上去那么贫乏。柏拉

① 柏拉图:《理想国》,379a。

② 同前,382a。

③ 同前,382b。

图—亚里士多德对于新真理的阐述，标志着一段漫长历史的终点；
71 这种阐述是雅典思想家们的作品，如果没有先前具体的雅典政治实践，那么他们几乎不可能完成理论性的普遍化。除非马拉松的雅典和悲剧一直是对这新真理的短暂代表的鲜活记忆，否则柏拉图和亚里士多德的典范式的构筑对于他们同时代的人来说就会显得是奇怪的幻想。在一个历史的黄金时刻，这里发生了一个奇迹，就是政治社会向下连属至作为一个可被代表之单元的公民个人，这是一代人的奇迹，这代人个体地经验到代表灵魂之真理的责任，并且通过作为一种公共仪式的悲剧表达了这种经验。为了理解这个新的代表类型，我们必须考察一部这样的悲剧；为此目的，最好是考察埃斯库罗斯的《乞援者》。

《乞援者》的情节，可归结为一个法律问题及其通过政治行动而得以解决。达那俄斯的女儿们和她们的父亲从埃及逃到阿戈斯，因为埃古普托斯的儿子们想迫使她们接受一场讨厌的婚姻。在阿戈斯她们的祖先伊娥的家里，她们希望找到庇护。阿戈斯的国王柏拉斯戈斯出场，逃亡者们把案子提交到他面前。很快他就发现进退维谷：要么他拒绝提供庇护，让乞援者们被追赶到附近的埃及人抓走，由此而招致宙斯的愤怒；要么他开始卷入一场与埃及人的战争，最终让他的城邦付出高昂的代价。他陈述这些选择：“我不知道如何帮助你们，而不遭受灾祸；然而无视这种请求是不可取的。”他坦率地描述自己处于一种茫然不知所措的境地；他的灵魂充满恐惧，无论“是行动，还是不行动，听天由命”。[1]

---

① 埃斯库罗斯：《乞援者》，380 行。

难以抉择。按照他们国家的礼法(*nomos*),不幸的少女们不能 72
对想和她们结婚的埃及人提出指控,但乞援者们立即提醒国王,有一个更高级的正义(*dike*),这种婚姻是对她们的冒犯,宙斯是乞援者们的神明。一方面,国王受到告诫,在判案时要站在正义之神一方;另一方面,他必须考虑阿戈斯城邦的利益。如果他让城邦卷入了战争,他就会遭到谴责,即为了优待外邦人而不惜以自己的国家为代价;如果他不顾乞援者们,他的孩子们和家庭就会因为违背正义之神而付出相应的代价。他严肃地回答说:"这需要深思:头脑里有一只眼,敏锐如打捞沉船货物的水鬼,下潜到人海深处,在那里搜索,不会在游移不定的幻象中迷失。"[①]这让我们想起赫拉克利特的灵魂概念的"深知",灵魂的界限不能被触及,因为它的逻各斯太深奥。[②] 埃斯库罗斯的这些诗句把赫拉克利特关于深的概念转变为下降之行动。[③]

然而在这个关头,又加入了政体问题这个复杂的因素。就国王本人而言,这种下降会带来有利于乞援者们的判决;但是柏拉斯戈斯是一个立宪的国王,而不是一个僭主。必须听取人民(*demos*)的意见,必须征得人民的同意,正是他们要承担不可避免的战争的重负。为了召集人民并把这个案子提交于公民大会(*koinon*),国王离开乞援者们;他要试图说服人民同意他自己的灵魂已达成的决定。国王的演说是成功的;正确的判决(*psephismata*)获得全体 73

① 埃斯库罗斯:《乞援者》,407—408 行。

② 第尔斯、克兰茨:《前苏格拉底残篇》,赫拉克利特 B45。

③ 关于灵魂的"深度"的概念的起源,参看布鲁诺·斯内尔:《灵魂之发现:欧洲思想的希腊源头研究》,尤其是第 32 页及以下诸页。

一致通过。人民沉浸于隐微曲折的演说中的论述，追随国王下降到灵魂深处。国王的劝诫（Peitho）塑造了他的观众的灵魂，这是他们心甘情愿的，并使正义之神宙斯战胜了激情，所以那个深思熟虑的决定就代表神的真理。歌队把这个事件的意义归结为：“正是宙斯保佑度过了难关。”[1]

悲剧是一种公共仪式，花费不菲。它预设它的观众是一群人，他们观看演出时，会带有对于与他们自己利害攸关的事情的敏感。他们会把行动的意义、戏剧的意义理解为对正义之神的服从，认为逃向容易之路是一种不作为。他们会把雅典的保护（*prostasia*）理解为一个人民在一个领袖的带领下结成的组织——在这个组织里，领袖试图代表正义之神朱庇特，在需要作出具体决定时，运用他的说服力在人民中造成同样的灵魂状态，而人民愿意遵从这种有说服力的领导，通过反抗像《乞援者》中由埃及人所象征的一个魔性失序的世界，从而代表真理。在悲剧的全盛时期，悲剧是一种礼拜仪式，再现因正义之神而作出的伟大决定。即便观众不是一群英雄，他们也必须至少会倾向于把悲剧性的行动视为典范；英雄的灵魂探索和对祸患的忍受，必须被经验为对正当诉求的坚持；英雄的命运必须要在观众的灵魂中激起对于他自身的命运的战栗。
74 悲剧作为一种国家崇拜，其意义包含于代表者的受难之中。[2]

---

[1] 埃里克·沃尔夫（Erik Wolf）在《希腊国家思想》，卷一，《前苏格拉底和早期诗人》（*Griechisches Rechtsdenken*, vol. 1, *Vorsokratiker und frühe Dichter*）（法兰克福，1950年）第345—356页中对《乞援者》的最新分析，尚未来得及用于这些讲座。

[2] 关于通过下降至深处的代表者的受难，参看埃斯库罗斯：《普罗米修斯》，第1026行以下诸行。

8

悲剧时代的雅典的奇迹是短暂的；它的荣耀沉沦于伯罗奔尼撒战争的恐怖中了。随着雅典的衰落，悲剧的问题改变了。在欧里庇得斯的一部晚年的作品，约公元前415年上演的《特洛亚妇女》中，主题是特洛伊陷落时希腊人所展示出的大量的淫猥、恶习、粗野和残暴；英雄主义的冒险陷入了一个要把希腊人自身吞噬的泥沼。开场是雅典娜和波塞冬的对话，充满了不祥之兆；原先保护希腊人的雅典娜，如今因为她的神庙遭到了亵渎而转向另一边，要和波塞冬联手，在胜利者的归乡之路上毁灭他们。这部悲剧上演于米洛斯屠城后一年，我们从修昔底德的令人难忘的米洛斯人对话中看到，米洛斯屠城显示了雅典精神的败坏。这部悲剧上演于西西里远征之年，这次远征后来悲惨地结束了。正是在这一年，雅典人的厄运已经注定；诸神实际上已经转向了另一边。[①]

对真理的代表从马拉松的雅典转到了哲学家们头上。当阿里斯托芬抱怨说，悲剧亡而后哲学作，他至少是在暗示实际上正在发生什么事情，那就是真理之从雅典人民向苏格拉底转移(*translatio*)。悲剧死了，因为雅典公民不再能够以受难的英雄们来代表了。而戏剧，也就是埃斯库罗斯意义上的行动，如今在真理的新的代表那里，在它的受难的仆人苏格拉底那里——如果我们

① 关于《特洛亚妇女》的政治意涵，参看阿尔弗雷德·韦伯(Alfred Weber)：《悲剧与历史》(*Das Tragische und die Geschichte*)，汉堡，1943年，第385页及以下诸页。

可以使用“第二以赛亚”的符号，找到它的英雄。悲剧作为一种文
75 体，被苏格拉底的对话所取代。从社会的意义上说，这种新的理论性真理并非没有影响。毫无疑问，雅典人不再能成为它的代表；但柏拉图和亚里士多德自己创造了一个新的社会类型，能成为他们的真理的载体，亦即哲学家学派。这些学派度过了城邦的政治灾难，不仅在希腊—罗马的社会中，而且在伊斯兰和西方文明的时移世异中，变得具有第一位的构造性的影响力。再说一遍，感觉仿佛有一种绝境，那不过是太沉迷于雅典人的命运的缘故罢了。

9

可以总结探究的结果了。存在意义的代表之外，必须加上社会是一套超越真理的代表者这个意义。这两层含义指向一个问题的许多方面。首先，社会的存在上的代表者，就是它的在代表真理方面活跃的领袖；其次，一个基于公民全体之同意的政府，预设了
76 个体公民的连属化到了如下程度，可以通过劝说、通过说理把他们塑造成积极参与代表真理的人。再次，这个多面之问题的确切性质，由于发现心之作为感受超越之中枢（the sensorium of transcendence），因而已历史地进入了反思意识的范围。发现者即神秘主义哲学家最终成了新真理的代表；他用来阐明他的经验的符号，构成了一套社会秩序理论的内核。最后，洞悉批判性阐明的秘密是可能的。一般而言，这种秘密乃在于对心的发现，对心之人类学的和理论性的真理的发现，同时，亦在于以新真理的标准对现实中的符号的衡量。

三、罗马帝国里的代表之争

1

前一讲表明，代表问题并没有因一个社会在历史存在中的内部连属化而穷尽。社会作为一个整体，乃是代表一个超越的真理；因此，存在意义上的代表概念之外，还有必要补充一个超越的代表（transcendental representation）的概念。然后，在这个新的问题层次上，由于提出了如下理论，就是一个关于人的真理，与社会所代表的真理相对立，更复杂的难题产生了。但即便如此，这也不是最后一个难题。这个多种类型的真理竞争的场域，在历史上因基督教的出现而拓宽了。在罗马帝国里，为了垄断存在上的代表，这三种类型陷入了剧烈斗争。这个斗争将构成本讲的主题；不过，进入正题之前，有必要就术语和一般的理论说上几句。这种把一般问题先行排除的方法，会避免笨拙的离题和解释，否则问题变得尖锐时，这种离题和解释就会打断严格意义上的政治研究。

在术语上有必要区分三种真理。第一种是由早期诸帝国所代表的真理，我们称之为“宇宙论的真理”（cosmological truth）。第 77

二种真理出现在雅典的政治文化里，尤其是悲剧里，可称为“人类学的真理”(anthropological truth)，该术语包含了与心之作为感受超越之中枢相联系的全部范围内的问题。第三种真理随基督教而出现，可称为“救赎论的真理”(soteriological truth)。

区分第二、三种类型在理论上是必要的，因为柏拉图—亚里士多德的经验复合体在一个关键之处被基督教放大了。这个差异之处，或许最好是通过反思亚里士多德的政治友爱(*philia politike*)的概念来证明。[①] 在亚里士多德看来，这种友爱是政治社会的本体；它存在于人们之间的精神上的和谐一致(*homonoia*)；只有人们活得与努斯协调一致，也就是与他们自身最神圣的部分协调一致，友爱在他们中间才是可能的。一切人都参与努斯，尽管紧张程度不同；因此，人们对他们自己的纯知自性(their own noetic self)的爱，使努斯成为他们之间的共同纽带。[②] 只有人们因对他们的纯知自性的爱而彼此平等，友爱才是可能的；不平等者之间的社会纽带是脆弱的。亚里士多德在这里提出了他的论旨是，上帝与人之间的友爱是不可能的，因为他们极为不平等。[③]

上帝与人之间的爱的不可能，或许可认为是所有人类学真理的特性。神秘主义哲学家们将之纳入一套理论来加以解释的那些经验，都会侧重于人这一方的灵魂对神性的取向。灵魂使自身趋向一个上帝，这上帝止息于其寂然无动的超越；灵魂向神性实在

① 亚里士多德:《尼各马可伦理学》,1167b3-4。

② 同前,1166a1 以下,1167a22 以下,1177a12-18,1177b27-1178a8。

③ 同前,1158b29-1159a13。

(divine reality)发起征逐,但它不会遇到来自彼岸的回应性运动。 78
基督徒专注于上帝对灵魂的恩典,不在这些经验的范围之内,尽管可以肯定,人们在阅读柏拉图时,肯定会感到是处于一个突破的边缘,离这个新的维度只有一步之遥。对人与上帝的相互关系的经验,对托马斯意义上的“友爱”的经验,对那将一个超自然的形式加诸人之本性的恩典的经验,是基督教真理的种差。[①] 这恩典在历史中的启示,通过基督的道成肉身,明确地完成了神秘哲学家身上的精神冒险运动。灵魂曾因它的敞开及趋向不可见的尺度而获得的对旧有的社会真理的批判性权威,如今由于尺度本身的启示而得以增强。那么在这个意义上或许可以说,启示这个事实就是它的内容。[②]

这些术语涉及神秘哲学家们的经验以及这些经验通过基督教而得以完成,在谈论这些术语时,其中暗含一个关于历史的假设,必须予以说明。这个假设是,历史之本体在于如下经验,人从这些经验中获得他对人性的理解,因而获得对人性之限度的理解。哲学和基督教赋予人以一种姿态,使他能够因历史的效力,对于一个已失去魔性恐怖的自然,扮演理性的沉思者和实践的主人的角色。然而,由于同样的历史效力,人的伟大自有其限度;基督教已把魔
惑浓缩成一个持久性的危险,就是背离了灵——只是出于上帝的 79
恩典这灵才是人所具有的——而堕入他自己的自由,从爱上帝

① 托马斯·阿奎那:《反异教大全》,第三部第91题。

② 这种关于启示及其在历史哲学中的功能的概念,在H.理查德·尼布尔(H. Richard Niebuhr)的《启示的含义》(*The Meaning of Revelation*)(纽约,1946年)里,尤其是在第93页和109页及以下诸页有详细的阐述。

(*amor Dei*)堕入自爱(*amor sui*)。人如果只徒有其纯粹的人性,而缺乏“由爱塑造的信仰”(*fides caritate formata*),就是魔性的虚无,这个洞见被基督教极端清晰地揭示出来了,传统上称之为启示。

这个关于历史之本体的假定,为一套社会中的人之存在的理论带来了若干推论,而在世俗化文明的压力下,甚至许多显要的哲学家有时也会犹豫,对之要不要毫无保留地接受。比如说大家知道,卡尔·雅斯贝尔斯把神秘哲学家的时代视为人类的轴心时代,优于基督教纪元,无视基督教所带来的人之处境的终极清晰性。亨利·柏格森在同一个问题上也有犹豫,尽管在他的晚年的谈话中,他似乎是乐于接受他自己的历史哲学的推论的。[1] 这个推论可以表述为如下原理,一套社会中的人之存在的理论,必须在已历史地分殊化了的经验的介质中运作。人之存在的理论与经验之在历史上的分殊化——在这个过程中人之存在获得对自身的理解——二者具有密切的关联。理论家绝不可出于任何理由忽视这个经验的任何部分;也绝不能站在历史本体之外的一个阿基米德支点上。在经验之不断分殊化这个意义上,理论要受历史的约束。鉴于最大限度的分殊化是由希腊哲学和基督教取得的,这实际上意味着,理论注定要在古典的和基督教的经验的历史界限内运动。
80 从这种最大限度的分殊化的倒退是理论的退步;会导致形形色色

① 塞蒂扬热(A. D. Sertillanges):《柏格森》(*Avec Henri Bergson*),巴黎,1941 年。

的出轨，柏拉图曾把它们描述为意见(*doxa*)。[①] 在现代学术史中，每次系统地爆发针对最大限度的分殊化的反叛，结果都是堕入反基督的虚无主义，堕入形形色色的超人观念——孔多塞的进步主义超人、孔德的实证主义超人、马克思的唯物主义超人，或尼采的狄奥尼索斯超人。然而，这个反理论性的出轨问题，会在这些讲座的第二部分、关于现代政治群众运动的研究中予以更详细的探讨。就眼下的目标而言，这个主导接下来之分析的关于理论与最大限度的经验分殊化之间的相互关系的原理，想必已足够清晰了。

2

我们仍按照亚里士多德的方法来进行分析。首先从社会的自我解释开始，不过要知道，自我解释现在包括理论家们和圣徒们的解释。

---

① 理论化的进步有赖于对超越经验的分殊，已成为学术史的一个主要问题。理论优势是罗马帝国中的基督教战胜异教的一个因素，这在查尔斯·N.科克拉内(Charles N. Cochrane)的《基督教与古典文化：从奥古斯都到奥古斯丁时期的思想和行动研究》(*Christianity and Classical Culture: A Study of Thought and Action from Augustus to Augustine*)(纽约，1944年)，尤其是第11、12章中得到着力强调。另外，基督教相对于希腊形而上学家的技术优势，在艾蒂安·吉尔松(Étienne Gilson)的《中世纪哲学的精神》(*L'Esprit de la philosophie médiévale*)(第2版，巴黎，1948年)，尤其是第3、4、5章里有细致的探讨。另一方面，从希腊到基督教的对超越经验的理论解释的连续发展过程，耶格尔在《哲学家的神学》中进行了阐述。亚历山大的克雷芒(Clement of Alexandria)曾指出，希伯来《圣经》和希腊哲学是基督教的两大旧约，他这里所理解的福音之准备(praeparatio evangelica)这个大问题，在当代的这一争论中又复活了。关于这个问题，另请参看塞尔日·布尔加科夫(Serge Boulgakof)：《圣灵》(*Le Paraclet*)，巴黎，1946年，第10页及以下诸页。

81 相互竞争的各种真理，就是柏拉图所谓的诸多类型的神学（*typoi peri theologias*），成了正式分类的主题。现存最早的分类先于基督纪元，是瓦罗在他的《考古》（*Antiguities*）中作出的，这部作品完成于公元前 47 年。一次重新分类是罗马帝国行将终结时圣奥古斯丁在《上帝之城》里进行的。鉴于瓦罗的分类是通过奥古斯丁的叙述和批评而得以保存，这两种分类具有密切的关系。[①]

根据奥古斯丁的叙述，瓦罗区分了三种（*genera*）神学——神话的、物理的和公民的。[②] 神话的神学是诗人的神学，物理的神学是哲学家的神学，公民的神学是人民的神学，[③]或另一种说法是城邦统治者（*principes civitatis*）的神学。[④] 这些希腊术语及其详细的陈述表明，瓦罗并没有发明新的分类，而不过是从希腊人那里，或许是斯多葛派那里借来了这一分类。

圣奥古斯丁采用瓦罗的类型时作了一些修改。首先，他把神话的和物理的神学译成他的拉丁文，即神话的和自然的，从而使得“自然神学”流传开来，这个词一直沿用到今天。[⑤] 其次，他把神话的神学视为公民神学的组成部分，因为关于诸神的戏剧诗具有异教崇拜的性质。[⑥] 因而，瓦罗笔下的三个类型可缩减为公民神学

① 根据奥古斯丁的叙述对瓦罗作品的不完整辑录，见 R. 阿贾德（R. Agahd）：《瓦罗的神事书》（*De Varronis Rerum divinarum libris*，I，XIX，XV，XVI），莱比锡，1896 年。

② 奥古斯丁：《上帝之城》（*Civitas Dei*），东巴特（Dombart）编，vi. 5。

③ 同前，5。

④ 同前，iv. 27。

⑤ 同前，vi. 5。关于奥古斯丁对“自然神学”一语的运用，参看耶格尔：《早期希腊哲学家的神学》，第 2 页及以下诸页。

⑥ 奥古斯丁：《上帝之城》，vi. 6。

和自然神学。这一缩减并非无关宏旨，因为很有可能，这是由于辗转受了安提西尼的一句话的影响，“按诸礼俗（*nomos*），多神同列，按诸物理（*physis*），唯有一神”。与物理相反，礼俗包括诗歌文化 82
和政治文化，二者都是人的作品——强调异教诸神起源于人，这肯定让圣奥古斯丁深感兴趣。[1] 最后，由于基督教及其超自然的真理必须纳入神学的种类，结果仍是三个类型：公民神学、自然神学、超自然神学。

3

这些分类是由于代表之争而产生的；它们满载了自我意识与反对的张力。对于这些张力的分析，或许最好是以思考《上帝之城》的一个怪异之点为开始。如果考虑到其政治作用，这部书可以说是一部应景之作。公元 410 年，阿拉里克征服罗马，唤醒了帝国的异教人民；罗马的陷落被认为是诸神降下的一种惩罚，因为罗马人忽略了对他们的祭祀。这种危险的怨恨浪潮，似乎要求对于一般的异教神学及其反基督教的论点加以全面的批驳。奥古斯丁对这项任务的解决是奇怪的，因为它采取的形式是对瓦罗的《考古》予以抨击，该作品写于五百年以前，其目的是增强罗马人对他们的公民宗教的正在衰退的热忱。这种热忱自从瓦罗以来并没有显著

---

[1] 参看耶格尔：《早期希腊哲学家的神学》，第 3 页，注 8—10。对安提西尼的阐述，以及这句话在米纽修斯·费利克斯（Minucius Felix）以及亚历山大的克雷芒的书中的引用情况，参看爱德华·泽勒（Eduard Zeller）：《希腊人的哲学》（*Die Philosophie der Griechen*，II/1），莱比锡，1922 年，第 329 页，注 1。

地增加，并且很难认为非罗马的人民比罗马人自己对之更加热衷。在圣奥古斯丁时代，帝国中为数众多的异教徒实际上是信奉艾琉
83 西斯、伊希斯、阿提斯和密特拉等神秘仪式，而不是信奉罗马共和国的诸神祭仪；不过，奥古斯丁在第六、七卷中对公民神学提出详细的批判时，却几乎没有提到这些神秘仪式。

对这个谜题的回答，不能在一份宗教归属的统计数据中找到；而是要在超越真理的公共表达问题中寻找。罗马公民宗教的忠诚者实际上是一个比较小的群体，但直到4世纪下半叶，罗马祭仪一直是帝国的国家祭仪。无论君士坦丁大帝还是他的基督徒继承者们，都不认为可以放弃他们作为罗马的大祭司长（*pontifex maximus*）的职责。当然，对异教祭仪自由的重大侵犯是在君士坦丁大帝的儿子们治下发生的，但最大的打击却是来自狄奥多西乌斯治下的公元380年颁布的著名法令，该法令使正统基督教成为帝国全体臣民的强制信仰，把所有的异议者污蔑为愚蠢和疯癫，并威胁对他们报以上帝的永恒怒火和皇帝的惩罚。[①] 在此以前，帝国立法对宗教事务的干预一直是时断时续的，在异教盛行的环境中，这是合乎情理的；通过许多千篇一律的法律来判断，即便是公元380年以后，这种干预也不是非常的有效。不管怎么说，在罗马城里，这些法律干脆被弃置不顾，官方祭仪一直是非基督教的。而现在，攻击已真正地对准这个敏感的中心了。公元382年，西罗马帝国的皇帝格拉提安放弃了他的罗马大祭司长的头衔，因而拒绝履行政府在罗马的牺牲仪式上的责任；而且与此同时，祭祀基金被

① 《狄奥多西乌斯法典》（*Codex Theodosius*），xvi. i. 2。

废除了，这样一来，花费不菲的牺牲仪式和节庆就难以为继了；最关键的是，胜利之神的偶像和祭坛从元老院的会场中搬走了。即使在罗马的首都，罗马诸神也不再被代表。[1] 84

从异教的观点来看，极令人欣慰的是，公元 383 年格拉提安被谋杀，罗马面临敌对皇帝马克西穆斯的威胁，而歉收正导致一场饥荒。诸神显然展示了他们的愤怒，当时似乎有利于要求撤销多种举措，尤其是从年轻的瓦伦提尼安二世手中恢复胜利之神的祭坛。异教党在元老院的请愿被西马库斯于公元 384 年提交给皇帝；不幸的是，公元 384 年的收成特别好，从而给为基督教一方辩论的圣安布罗斯提供了一个廉价的论据。[2]

西马库斯的报告是一份旨在维护罗马传统的贵族的请愿，所基于的是古老的敬神得福（*do-ut-des*）的原则。忽视祭仪会导致大灾难；特别是胜利之神一直益于帝国，绝不可怠慢；[3]然后，作者略显宽容地争辩说，人人都可以用他自己的方式崇拜一个神。[4] 正如我们前面已暗示过，圣安布罗斯在他的答复中能轻易地就否弃

---

① 关于胜利之神祭坛的事件，参看亨德里克·伯克霍夫（Hendrik Berkhof）：《教会与皇帝：四世纪拜占庭和神权的国家概念起源研究》（*Kirche und Kaiser: eine Untersuchung der Entstehung der byzantinischen und der theokratischen Staatsauffassung im vierten Jahrhundert*），戈特弗里德·W. 洛切尔（Gottfried W. Locher）译，措利康—苏黎世，1947 年，第 174 页及以下诸页；加斯东·布瓦西耶（Gaston Boissier）：《异教之终结》（*La Fin du paganisme*），第 2 卷，第 2 版，巴黎，1894 年。

② 安布罗斯：《书信》（*Epistolae*），xvii 和 xviii。《西马库斯文书》（*Relatio Symmachi urbis praefecti*）附于安布罗斯的第十七封书信后（Migne，Pl. XVI）。

③ 《西马库斯文书》，3—4。

④ 同前，6 和 10。

敬神得福的原则，[1]不难证明，如果想到西马库斯的高贵的宽容实际上是强迫基督徒元老们参加胜利之神牺牲祭，那么这种宽容就不会那么动人。[2] 然而，关键的论点却包含在这样一句提出了代表原理的话中："一切服从罗马统治的人们侍奉(*militare*)你们这
85 些世上的君王，你们自己要侍奉(*militare*)全能的上帝和神圣的信仰。"[3]这听起来几乎和上一讲中讨论过的蒙古人的天命如出一辙，实际上却是它的颠倒。圣安布罗斯的这个提法，并非通过指出上帝的君临天下来论证帝国的大一统，尽管稍后会看到，这个问题在罗马帝国中也变得尖锐起来。它根本没有讲任何的统治，只是讲侍奉。臣民们在世上侍奉君王，以君王为他们的存在上的代表者，而且圣安布罗斯对于帝国地位的来源并不存有任何错觉：他轻蔑地说，是军团造就了胜利之神，而不是胜利之神造就了帝国。[4]处于历史存在中的政治社会开始展示出不同于精神秩序的世俗性色彩。在臣民一方的这个现世侍奉领域之上还有皇帝，他只侍奉上帝。圣安布罗斯的诉求并不是向帝国的统治者提出，而是向基督徒提出的，只不过这个基督徒碰巧担任皇帝之职。基督徒统治者被告诫说，不要假装无知，随波逐流；如果他不能积极地展示自己在信仰方面应有的热忱，他必须至少拒不赞同偶像崇拜和异教祭仪。[5] 一个基督徒皇帝知道，他应该崇奉的唯有基督的圣坛，而

① 安布罗斯：《书信》，xviii. 4 以下。

② 同前，xvii. 9。

③ 同前，xvii. 1。

④ 同前，xviii. 30。

⑤ 同前，xvii. 2。

“我们皇帝的声音要成为基督的回音”。[1] 这位主教以几乎不加掩饰的语言威胁说，如果皇帝批准元老院的请愿，就要对他处以绝罚。[2] 代表基督的真理的，不能是尘世帝国(*imperium mundi*)，只能是对上帝的侍奉。

这就是一个严格意义上的神权统治的概念的开端，神权政治 86
并不是指祭司的统治，而是指统治者承认上帝的真理。[3] 这个概念在接下来一代人中，在奥古斯丁的《上帝之城》第 24—26 卷中的幸福皇帝(*imperator felix*)的形象中得以完全展开。皇帝的幸福不能以他的统治的外在成功来衡量；圣奥古斯丁特别解释了异教徒的成功和某些基督徒统治者的厄运和被弑的结局；皇帝的真正幸福只能根据他作为一个在位的基督徒的举止来衡量。这些论及幸福皇帝的章节是最早的“君王宝鉴”；它们为这种中世纪的文学体裁开了先河，自从查理曼以之作为他的指南以后，对西方的统治理念和实践具有无法估量的影响。

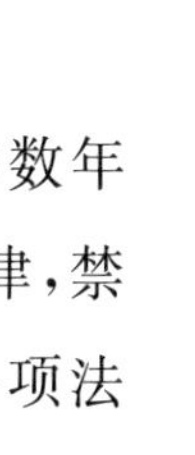

在胜利之神祭坛事件中，圣安布罗斯赢了。在接下来的数年里，局势进一步紧张。公元 391 年，狄奥多西乌斯的一项法律，禁止在罗马城里举行一切异教仪式；[4]公元 396 年，他儿子的一项法律，废除了异教祭司和圣职者的最后的豁免权；[5]公元 407 年，为意大利订立的一项法律，控制一切为圣餐(*epula sacra*)和祭祀性竞

① 安布罗斯：《书信》，xviii. 10。

② 同前，xvii. 14。

③ 关于这个意义上的神权统治的斗争，参看伯克霍夫：《教会与皇帝》，第 7 章，“论神权统治”。

④ 《狄奥多西乌斯法典》，xvi. x. 10。

⑤ 同前，x. 14。

技拨付的费用，命令从庙宇中移除神像，毁坏祭坛，把庙宇收归公用（*ad usum publicum*）。[①]公元410年，罗马落入哥特入侵者之手时，罗马的祭仪对于深受近年的反异教法律迫害的人来说，实际上是一个活生生的问题；罗马城的陷落可以很方便地被宣传成是诸神因为罗马的公民宗教遭到明确的亵渎之故而降下的报复。

4

这个奇怪之处澄清了，另一个奇怪之处接踵而至。在这场斗
87 争中，基督教的倡导者并不关心异教徒的灵魂得救；他们卷入了一场有关帝国的公共祭仪的政治斗争。当然，圣安布罗斯的诉求是对在皇位上的基督徒提出的；如果我们记得在公元390年塞萨洛尼卡大屠杀时他与狄奥多西乌斯的冲突，关于他的意图的真诚性，就不可能有任何的疑问。尽管如此，当这个基督徒是一个皇帝时，他的基督徒的举止会使得异教徒所处的地位相当于基督徒在异教皇帝统治下所处的地位。奇怪的是，圣安布罗斯和圣奥古斯丁，尽管深深地卷入这个争取基督教之存在上的代表权的斗争，对这个问题的本质却几乎是完全盲目的。至关重要的似乎是基督教的真理对抗异教的非真理。这并不意味着他们对于所卷入的存在问题毫无意识；相反，《上帝之城》具有一种独特的魅力，因为圣奥古斯丁虽然明显地不理解异教的存在问题，却对某种他无法把握的东西感到相当焦虑。对于瓦罗的公民神学，奥古斯丁的态度相当于

① 《狄奥多西乌斯法典》，x.19。

启蒙运动时期的知识分子对基督教的态度，他简直不能理解，一个聪明人怎么会严肃地固执于这种胡言乱语。奥古斯丁逃避这个难题的方式是，认为斯多葛哲学家瓦罗是不可能相信罗马诸神的，他不过是想在充满敬意的叙述的掩盖下，把罗马诸神暴露出来供人取笑。[①] 为了找到圣奥古斯丁无法把握的这个地方，有必要倾听瓦罗自己，以及他的朋友西塞罗。

这个难以把握之处，圣奥古斯丁自己很小心地指出了；它显然
使他困惑。在《考古》中，瓦罗首先探讨了罗马的“人事”，然后是
“神事”。[②] 首先罗马城必须存在；然后它才能开始创立祭仪。“就 88
像画师先于画作，建筑师先于建筑。”[③]瓦罗认为诸神是由政治社会创立的，这个看法激起了奥古斯丁的不可思议的愤怒。相反，圣奥古斯丁坚持认为，“真正的宗教绝非由某个地上的城创立”，而是由真正的上帝，就是“创立了天上的城”的真正宗教的鼓舞者。[④]瓦罗的态度似乎特别应该受到谴责，因为他所给予优先权的属人的事物，甚至不是属于全体人类，而只是属于罗马人。[⑤] 此外，圣奥古斯丁怀疑他骗人，因为瓦罗承认如果他打算详尽地探讨诸神的本性，那么他就会把属神的事物放在第一位；[⑥]此外还因为，瓦罗暗示在宗教事务方面，有许多东西是人民不应当知道的真相，有

① 奥古斯丁：《上帝之城》，vi. 2。
② 同前，vi. 3。
③ 同前，vi. 4。
④ 同前。
⑤ 同前。
⑥ 同前，vi. 31，vi. 4。

许多东西是人民不应当怀疑的谬误。[1]

奥古斯丁所不能理解的，乃是罗马人的经验的简密性，诸神和人密不可分地共存于历史上具体的城邦，人和神同时创立了一个社会秩序。在奥古斯丁看来，人之存在的秩序已分成了世俗历史的地上之城（*civitas terrena*）与神圣制度的天上之城（*civitas coelestis*）。百科全书式的瓦罗的略显粗糙的提法并没有让理解变得更容易。更加圆滑的西塞罗通过他的《论神性》中的人物，尤其是通过政治领袖和祭司科塔，以一种更精巧的概念表达了与他的朋友一样的信念。在关于诸神之存在的辩论中，哲学家与罗马社会领袖之间的意见针锋相对。当西塞罗把哲学领袖（*princeps*
89 *philosophiae*）苏格拉底[2]与政治领袖（*princeps civis*）科塔对立起来时，他隐微地暗示了权威具有不同的来源；[3]哲学家的权威（*auctoritas philosophi*）与祖先的权威（*auctoritas majorum*）相冲突。[4] 不管任何人如何说三道四，掌管罗马祭仪的贵人都不会怀疑不朽的诸神以及他们的崇拜。在宗教事务上他将追随这个比他职位更高的祭司，而不是追随希腊哲学家。罗慕露斯的占卜和努马的仪式奠定了国家的基础，要是没有为了国家的福祉而对不朽诸神的仪式性安抚，国家就不可能成就其伟大。[5] 他因祖先的权威而接受诸神，但他愿意听取其他人的意见；不无讽刺的是，他请巴尔布

---

① 奥古斯丁：《上帝之城》，vi. 31。

② 西塞罗：《论神性》，ii. 167。

③ 同前，ii. 168。

④ 同前，iii. 5。

⑤ 同前。

斯为他作为一个哲学家所应具有的宗教信仰给出理由(*rationem*),而巴尔布斯作为祭司却是必须无理由地相信祖先的。[①]

瓦罗和西塞罗的阐释对于理论家而言是珍贵的文献。罗马的思想家们执着地生活在他们的政治神话中,但同时已通过与希腊哲学的接触而开始明确地意识到这个事实;这种接触并没有影响他们的情感的执着,而只是为他们提供了阐明他们的立场的手段。过去对西塞罗的探讨一般不会注意到,他作品里有某种远比一个斯多葛派的变种更为有趣的东西,某种在希腊的来源中无法找到的东西,就是尚未被神秘哲学家的经验所瓦解的古老社会秩序的经验。在希腊的源头中,这个古老的层次从未能被真正地触及;因为最早的文献资料,荷马和赫西俄德的诗,就已经是对神话材料的
极自由的再创作了——在赫西俄德的案例中,甚至有一种有意识 90
的对立,就是他作为个人所发现的真理与旧有的神话的谎言之间的对立。这大概是随着多利安人的入侵而来的动荡不宁,很早就打破了希腊社会存在的简密性,这种打击却从来没有扰动过罗马。不管怎么说,当希腊文明席卷了地中海世界以后,罗马仍岿然独存,当基督教在地中海世界广为传播之后,罗马依然如故;这个情况,或许使人想到日本在一个由西方观念主导的文明环境中的表现。

像西塞罗这样的罗马人十分清楚这个问题。比如说,他在《论共和国》中审慎地把罗马人对政治秩序问题的处理方式与希腊人的方式相对比。在最佳政治秩序(*status civitatis*)的辩论中,再次

① 西塞罗:《论神性》,iii. 6。

出现了一个政治领袖西庇阿，站在了苏格拉底的对立面。西庇阿拒绝以柏拉图笔下的苏格拉底的方式讨论最佳秩序；他不愿意在他的听众面前建立一个“虚构的”秩序，而是愿意阐述罗马的起源。[①] 罗马的秩序优于任何其他的秩序——这个信条，作为辩论前提被严肃地提了出来。[②] 这种讨论本身的范围是任意的，或许可涉及希腊学问的一切话题，但这种学问，只有在它可以用来解决罗马的秩序问题时才是有意义的。最高职位肯定应该由那个可以把“外来的学问”加于其祖先习俗的人担任；但如果必须要在两种生活方式之间作出选择，那么政治家的政治生命要优于哲人的沉思的生命。[③]

可以肯定，这个能把哲学说成是一种“外来的学问”，尽管值得尊敬却仍可视为一种可为罗马的优越性增光添彩的调料的思想
91 家，并不懂得那在哲学中找到了自身表达的精神革命的本质，也不懂得它加诸人的普遍声称的本质。西塞罗把他对希腊哲学的尊敬和有趣的蔑视结合起来的独特方式表明，理论的真理尽管被认为可用来扩大智识和道德的视野，对于一个罗马人却毫无存在上的意义。罗马是拥有自己的诸神的罗马，诸神渗透于日常生活的每个细节；在经验上参与哲学的精神革命就会意味着承认祖先的罗马之终结，一个新的秩序正在形成，罗马人不得不融入其中，正如希腊人不论喜欢与否，不得不融入亚历山大及其继承者们的帝国

① 西塞罗：《论共和国》，ii. 3。

② 同前，i. 70，ii. 2。

③ 同前，iii. 5-6。

构筑,最后是罗马的帝国构筑一样。西塞罗和凯撒那一代人的罗马,就像产生了柏拉图和亚里士多德的公元前4世纪的雅典那样,还没有走得太远。罗马之本体在帝国中完好地保存了它的力量,只是在公元3世纪的纷乱中,它才真正消失殆尽。只是在此之后,才迎来了一个新的时代,罗马开始融入它自己缔造的帝国;只是在此之后,诸多类型的可供选择的真理之间的斗争,五花八门的哲学、东方祭仪与基督教之间的斗争,才进入了一个关键的阶段,在这个阶段,皇帝这位存在上的代表不得不判定,罗马神话既已丧失了它建构秩序的力量,那么他究竟代表哪一种超越真理。对于西塞罗这样的人而言,这些问题并不存在,当他在他的“外来学问”中碰到它们时,他阉割了那势不可挡的威胁:斯多葛派认为每个人都属于两个国家——生身城邦与世界城邦——的观念。西塞罗轻巧地把这个观念转化为,每个人实际上都有两个祖国,一个是生身之乡,在西塞罗而言是阿尔皮努姆,另一个是罗马。[1] 哲学家的世界城邦在历史存在中得以实现,那就是罗马帝国(*imperium Romanum*)。[2] 92

5

就罗马而言,它的古老的简密性的力量,确保了它在取得帝国的斗争中安然无恙。然而,这一幸存却带来了一个重大的历史问

① 西塞罗:《论法律》,ii. 5。

② 早在西塞罗之前,尤其是在波里比乌斯那里,就可以看到这种等同。参看哈里·A. 沃尔夫森:《斐洛》(Harry A. Wolfson, *Philo*, Cambridge, Mass., 1947),卷二,第419页及以下诸页。

题，那就是罗马的共和制度，这些制度本身并不比雅典或任何其他希腊城邦的制度更适合于一个帝国的组织，在从它们中出现一个皇帝来充当地中海世界的存在上的代表的情况下，如何能够被采用的问题。由于史料匮乏，这个转变过程在许多细节方面或许要永远晦暗不明了。尽管如此，两代学者对贫乏史料的分析和权衡，已造就了一幅有关这一过程的条理分明的图景，比如说从安东·冯·普雷默尔斯坦（Anton von Premerstein）对于帝制的透辟研究中就可以发现这种图景。[①]

为了适于帝国统治而作出改变的主要负担，根本就不是由共和政体来承担的。当然，为了使政体更能代表整个帝国，元老的数量可以通过任命外省人而得以增加，凯撒时代早已这样做了；公民权也可以扩充至意大利以及接着扩充至其他的省。但是，要靠基于帝国各省的大众基础之上的选举来提升代表性，在罗马和其他城邦均缺乏政体的灵活性的情况下，却是不可能之数。这种适应不得不依赖政体本身之外的社会制度；发展为帝国职位的主要制度是首席公民（*princeps civis* 或 *princeps civitas*）制度，社会政治领袖制度。

93 在早期共和国的历史中，首席公民（*princeps*）一词可指任何领袖公民。这一制度的核心是庇护，即通过各种恩惠的事实而建立的一种关系，是一个有社会影响力的人与一个社会地位较低、需

① 安东·冯·普雷默尔斯坦：《论元首制的演变和本质》(*Vom Werden und Wesen des Prinzipats*)，汉斯·福尔克曼编[收入"巴伐利亚科学院论文汇编·文献历史类新编"(Abhandlungen der Bayerischen Akademie der Wissenschaften, Phil.-hist. Abt., Neue Folge)，第15册，慕尼黑，1937年]。

要这些恩惠——政治援助、贷款、私人礼物等——的人之间的关系。通过这些恩惠的授受，两个人就建立起一种众神约束下的神圣关系，接受方亦即部曲（client）成为保护人的追随者，他们的关系受忠信（*fides*）的约束。就这件事情本身而言，保护人必须是一个拥有社会地位和财富的人。组建相当规模的部曲群体，是世家—平民贵族（the patricio-plebeian nobility）成员的特权；最重要的执政官级元老同时也是最有权势的保护人。这种有最高官阶的保护人就是首席公民（*principes civitatis*）；他们中的某个人，如果属于古老的贵族家庭并担任过首席元老（*princeps senatus*），此外或许还担任过大祭司长（*pontifex maximus*），那他就能成为一个具有无可置疑的崇高地位的领袖。因此，罗马社会是一个复杂的私人效忠关系的网络——鉴于一个强大保护人的部曲或许本身就是许多的部曲群体的保护人，这个网络的组织是等级制的，鉴于首席公民们在争夺最高职位和一般的政治权力的斗争中是竞争对手，这个网络的组织是竞争性的。[1] 在共和时代后期，罗马政治的本质是在庇护关系的基础上富有的私人党派领袖们的权力斗争。这些领袖之间也可能有协议，就是所谓的友谊（*amicitiae*）；违背协议导致敌对（*inimicitiae*），在此之前是互相指责（*altercatio*），其在内战时期采取的形式是向公众发布宣传册，详细列举对手的臭名
昭著的行为。这种敌对不同于正式的战争，也不同于罗马人民对 94
一个公敌的正义战争（*bellum justum*）。例如，屋大维对安东尼和克莉奥佩特拉的最后一战，在法律上是极谨慎地作为一场对克莉

① 安东・冯・普雷默尔斯坦：《论元首制的演变和本质》，第15—16页。

奥佩特拉的正式战争与一次针对安东尼及其罗马部曲的敌对行动来实施的。[①]

原有的元首制(*principate*)转变成几个巨大的党派组织,这个过程是由于罗马的军事扩张及随之而来的变化导致的。公元前3世纪征服希腊、非洲和西班牙的战争,造成一个无法解决的后勤保障问题。征服和占有海外的领土,不能靠那些通过年度征兵来更新轮换的军队。每年要把旧的部队运送回家,代之以新的部队,这是不可能的。不得已,行省的军队开始职业化,服役期为十年到二十年。返回的老兵是一群无家可归的人。对于他们,不得不通过土地分配、殖民活动或者准许他们在罗马城里居住并拥有随之而来的特权来予以照顾。为了获得诸如此类的好处,老兵们不得不依赖他们的军事司令官,后者是首席公民,结果就是整个军队变成了一个首席公民的部曲。对于罗马共和时代晚期的演变而言,最重要的事实就是,在有权势的新党派领袖们转而反对元老院,把罗马的政治生活转化为他们之间的私人竞争之前,贵族的阶级纪律维持了一整个世纪。此外,随着部曲的巨大增长,以及他们在战争和街头械斗方面的武力的增强,通过特定誓言使原来的非正式关系变得正式,实为势在必行,依据这些誓言,部曲忠诚地依附于其
95 保护人。在这个问题上,史料极为匮乏,不过仍可以看到,公元前100年之后,这种誓言的数量和形式不断增加。[②] 最后,这个体制的结构是由部曲的世袭特征决定的。在公元前1世纪的内战过程

---

① 安东·冯·普雷默尔斯坦:《论元首制的演变和本质》,第37页。

② 同前,第26页及以下诸页。

中，对部曲的继承是一个相当重要的因素。例如，屋大维早年在与安东尼的斗争中，得到了凯撒在坎帕尼亚的老兵群体的支援，他们已成为屋大维亦即凯撒的继承人的部曲。[①] 对继承来的士兵部曲的安顿甚至决定了战争的地点。例如，必须在西班牙镇压庞培党人，因为庞培曾经把他的士兵移植于伊比利亚半岛。[②]

因此，可以把元首制的出现描述为庇护制的一种演变——庇护制的其他方面继续以适度的形式存在，直到帝制时代。如果保护人是一个首席公民（*princeps civis*），部曲就会成为一种政治权力工具，因老兵队伍的加入，部曲开始成为与国家的武力相抗衡的一种军事力量工具。鉴于政治地位是军事领导权的保障，对于征服行省以及对行省进行有利可图的榨取是必需的，而对行省的榨取对于以战利品和土地养活部曲又是必需的，政治影响力、财富和军事部曲之间是互相决定、互相增强。随着竞争者减少至几个大的党派领袖，打破政体法制的时刻已经来临，尤其是当元老院和官员们本身也被分化为几大主角的部曲。在公元前1世纪的每个大党领袖的生平中，都会迎来一个时刻，他需要就是否逾越体制的界限作出决断——这些决断中最著名例子是凯撒之越过卢比孔 96
河。[③] 冷酷、精于计算的政客屋大维，决定以敌对行动来实施他对安东尼的最后一战，因为两名执政官和部分元老院成员属于安东尼阵营，他若是宣布安东尼是公敌，就会激起针对他自己的同样宣

① 安东·冯·普雷默尔斯坦：《论元首制的演变和本质》，第24页。

② 同前，第16页及以下诸页。

③ 同前，第24页及以下诸页。

布。互相宣布为公敌，会使罗马陷于分裂，成为两个互相敌对的、交战的国家；撼动共和国的政体基础，或许会造成在相似局面下凯撒和庞培的殊死斗争所造成的那种灾难性的后果——胜利的领袖在得胜后的那一年，惨遭共和派感伤主义者的毒手。因此，元首制演化的结果，是位高权重的庇护性领袖减少至三头执政的三人，然后是安东尼和屋大维，最后是亚克兴战役的胜利者独霸为雄。[①]

亚克兴战役之后，罗马的代表秩序是一个精巧的混合体，旧日的共和政体，混合以新的存在上的由首席公民对帝国人民的代表。首席公民与人民的直接关系，是通过把部曲誓言向全体人民推广来保证的。公元前 32 年，屋大维在与安东尼开战之前，就已从意大利和西部诸省求取这种誓言了，就是所谓对西部的祈求。这是给予作为党派领袖的屋大维的效忠誓言。[②] 关于这誓言在东方行省的推广，想必是发生在亚克兴战役之后，没有文献可资参考。[③]
不过，公元前 32 年那样的对元首宣誓的做法，变成了一种永久的
97 制度。奥古斯都的继承者即位时，要对他们进行这种宣誓；[④]从凯
尤斯·卡利古拉开始，每年都要重新宣誓。[⑤] 一个团体以庇护制
的方式连属为领袖和追随者，已扩展为帝国的代表制度。

① 安东·冯·普雷默尔斯坦：《论元首制的演变和本质》，第 37 页。

② 同前，第 42 页及以下诸页。

③ 同前，第 52 页。

④ 同前，第 56 页及以下诸页。

⑤ 同前，第 60 页及以下诸页。

6

已扩展至帝国层面的庇护型元首制，使得新的统治者成为已征服的幅员辽阔的领土和人民的存在上的代表。显而易见，这个工具是脆弱的。它的效力取决于对庇护关系作为一种罗马意义上的神圣纽带的经验。奥古斯都看到了这个问题；他对道德和宗教改革的立法，至少在某种程度上应理解为，是想增强神圣情感的尝试，甚至早在瓦罗《考古》的时代的罗马人当中，这种情感就已日益淡薄。面对大量的东方人口，这个任务是毫无希望的，尤其是因为，数量不断增加的东方人涌入罗马，无视一切禁令，奉行他们的非罗马祭仪；当皇帝本身不再是罗马人，当儒略王朝之后是弗拉维亚王朝，再后来继位者是西班牙人、叙利亚人和伊利里亚人，这项任务就更加没有希望了。

皇帝职位之缺乏神圣性，只能通过缓慢的试错之途，逐渐予以补救。事实证明，按照希腊王权的模式对皇帝予以神圣化是不够的，还需要决定，在帝国中的众多的祭仪之神里面，皇帝代表的是哪种神的权力。在这个问题的压力下，罗马地中海世界的宗教文化经历了一个通常被称为诸神混合（“syncretism”或
“*theokrasia*”）的过程。这个进化不是单一的；同样的过程，以前 98
诸近东帝国早已经历过，它在本质上是把政治上统一了的地区的众多的地方祭仪之神重新解释为一个后来成为帝国之上帝的最高神的多个面相。在文明混合的罗马地区的特殊条件下，尝试得出这样一个最高的上帝并不容易。一方面，这个上帝不能

是一个概念上的抽象，而是必须与一个或更多的具体被经验到的公认的高等的神具有可理解的关系；另一方面，如果它与一个具体存在的神的关系变得过于密切，它之作为一个最高神的价值，高于一切已知的特定的神，就会变得岌岌可危。埃拉加巴卢斯（公元218—222年在位）试图引进伊麦萨的巴力（the *baal of Emesa*）作为罗马的最高神，不过失败了。一个受过割礼的皇帝娶了一个维斯塔贞女，旨在象征巴力和塔妮特的结合，这一做法被证明对罗马的传统造成了太大的压力。他被他的禁卫军谋杀了。伊利里亚人奥勒利安（公元270—275年在位）的尝试取得了更好的成功，他宣布一个极其不可名状的无敌太阳神（the *Sol Invictus*）是帝国的最高神，他自己是无敌太阳神的后裔和代表。这个体系在戴克里先（公元284—305年在位）统治时期有所变化，一直维持到公元313年。

然而，尽管帝国祭仪是一个试验的问题，但这个事实不应该使我们误解这些试验进行过程中所伴随的宗教上的庄重。在精神上，晚期罗马的最高自然神教（summodeism）已经非常接近于基督教，这使得改信基督教是水到渠成的事情。现存李锡尼在公元313年对马克西米努斯·戴亚的战役前的祈祷。夜里有一个天使显灵，向李锡尼保证说，他会取得胜利，只要他和他的军队祈祷：

> 至高的上帝，我们向你祈祷，
> 神圣的上帝，我们向你祈祷。
> 一切正义，我们都归于你，

我们的财富，我们归于你，
我们的王国，我们归于你，  99
是你，赋予我们生命，
是你，给予我们胜利和成功。
我们向你举起双手，
请倾听我们，啊，神圣的至高的上帝。

故事和祈祷词出自拉克坦西的记载，[①]认为胜利是因为改信了基督教，就像君士坦丁大帝在一年前的所为。鉴于后来数年李锡尼的反基督教政策，他的基督教信仰至少是可疑的，但在拉克坦西看来，这一祈祷似乎是基督信仰的一个告白，他的异教对手马克西米努斯也完全可能做这一祈祷。

公元311—313年给基督教弛禁，这个惊人的事态转折的确切意义至今仍是一个有争议的问题。不过，近年来荷兰神学家亨德里克·伯克霍夫的解释，似乎在文献所允许的范围内已澄清了这一神秘的事情。[②] 基督徒在暴力迫害下的坚韧和幸存，显然让执政者伽列里乌斯、李锡尼和君士坦丁相信，基督徒的上帝十分强大，足以在逆境中保护他的信徒；他是一个需要慎重对待的实在。伽列里乌斯在公元311年的敕令中解释说，迫害使得基督徒既没有履行他们对于官方诸神的宗教义务，也没有以适当的方式崇拜

① 拉克坦西：《论迫害者之死》(*De Mortibus Persecutorum*)，xlvi。

② 普雷默尔斯坦：《论元首制的演变和本质》，第47页及以下诸页。

他们自己的上帝。[①] 这一言论显然推动了突然的政策转变。如果基督徒的强大的上帝没有被他自己的信徒所礼拜，那他就有可能
100 会复仇，让阻止礼拜他的统治者陷入灾难。这是美好而坚实的罗马的敬神得福原则。[②] 敕令命令基督徒为皇帝祈祷，为国家的福祉和他们自己的福祉祈祷，以回报他们之获得自由。[③] 这并不是改信基督教，毋宁说是把基督徒的上帝纳入帝国的神系。[④] 李锡尼在公元 313 年的敕令宣布，已修正了以前的反基督教政策，"俾使天界的一切神者（*divinitas*）有利于我们及我们统治下的所有人"。[⑤] 奇怪的神者（*divinitas*）一词，与官方的多神教以及对帝国宗教的最高神（*Summus Deus*）的承认是协调的，与此同时，它听起来十分地一神教，足以令基督徒高兴。意义的模棱两可或许是故意为之的——从中可以见到君士坦丁的灵活手腕，他后来在基督学辩论中坚持毫无意义的圣父与圣子同质（*homo-ousios*）的立场。

7

然而，帝国神学的问题并不能通过一种语言上的妥协来解决。

---

① 拉克坦西：《论迫害者之死》，xxxiv："我们发现他们既不对诸神表示应有的敬畏，也不侍奉基督徒的上帝"（cum... videremus nec diis eosdem cultum ac religionem debitam exhibere, nec Christianorum Deum obervare.）。

② 伯克霍夫：《教会与皇帝》，第 48 页。

③ 拉克坦西：《论迫害者之死》，xxxi 末尾。

④ 约瑟夫·福格特（Joseph Vogt）：《君士坦丁大帝和他的世纪》（*Constantin der Grosse und sein Jahrhundert*）（慕尼黑，1949 年），第 154 页及以下诸页有近似的解释。

⑤ 同前，第 xlvii 页。关于"quidquid est divinitatis in sede coelesti"（天界的一切神者），我采用了伯克霍夫《教会与皇帝》第 51 页的读法。

对基督徒的迫害有充分的理由；基督教中有一个革命性的本体，使之与异教不能相容。新的同盟注定会增加这一革命性本体的社会效果。使基督教变得十分危险的，是它对世界的不妥协的、激进的去神化（de-divinization）。这个问题，塞尔苏斯在约公元 180 年的《真道》中或许就已极清晰地提出来了，该书是对基督教的极具挑战性的异教批判。塞尔苏斯抱怨说，基督徒反对多神教的理由是一个人不能侍奉两个主人。[①] 这在塞尔苏斯看来是“煽动叛乱 101
（*stasis*）的语言”。[②] 他承认这条法则在人们中间是正确的；当我们侍奉上帝王国中的许多神灵时，于上帝丝毫无损。相反，我们是在崇敬和取悦最高神，如果我们崇敬那些隶属于他的神灵；[③]而挑出一个上帝，只崇敬他，就会使神的王国陷入纷争。[④] 那部分不过是由人们挑出而已，这些人疏远了人类社会，把他们自己的孤独的激情转移给上帝。[⑤] 因此，基督徒是宗教和形而上学的宗派势力，是对于和谐地赋予整个世界的所有部分以生机的神性的一种叛乱。由于大地的各部分从一开始就分属众多的统治神灵及主管王国，[⑥]所以宗教上的叛乱同时就是一种政治反叛。希望摧毁民族祭仪的人，也希望摧毁民族的文化。[⑦] 由于各种祭仪在帝国中自有其位置，因此激进的一神教论者对它们的攻击，就是对罗马帝国

① 奥利金（Origenes）：《驳塞尔苏斯》（*Contra Celsum*），vii. 68。

② 同前，viii. 2。

③ 同前。

④ 同前，ii。

⑤ 同前，II. 2。

⑥ 同前，v. 25。

⑦ 同前，v. 26。

的结构的攻击。甚至在塞尔苏斯看来，要亚洲人、欧洲人和利比亚人、希腊人及野蛮人会认可同一套礼法（*nomos*），这不仅是不可取的，而且他轻蔑地补充说，“任何人要是认为这是可能的，就是一个白痴”。[1] 奥利金在他的《驳塞尔苏斯》里回应说，这不仅可能，而且必将发生。[2] 可以说，塞尔苏斯对于基督教的意义，比西塞罗对于希腊哲学的意义还要看得更清楚。他明了多神教的存在上的问题，他知道基督教徒对世界的去神化意味着一个文明纪元的终结，
102 以及会彻底改变当时的各民族文化。

8

相信可以单用基督教，或以基督教与异教的最高神（*Summus Deus*）的概念相结合，来巩固帝国的政治意识形态，这种信念注定很快就会经历失望。尽管如此，由于基督徒倾向于朝形而上学的一神教方向来解释基督教的一个上帝，因此抱有这个信念也不无道理。[3] 就许多东方宗教的轨迹而言，当它们发现自己置身于希腊化的环境里，并开始用希腊思辨的语言来表达自身时，沉溺于这种尝试是一个可以理解的诱惑。实际上，基督教在这个方向上的进展并非原创，而是遵循了犹太人斐洛的先例；公元前 1 世纪，斐

---

① 奥利金：《驳塞尔苏斯》，viii. 72。

② 同前。

③ 关于形而上学的一神教及其在罗马帝国的政治神学中的作用，参看埃里克·彼得森（Erik Peterson）：《作为政治问题的一神教：罗马帝国政治神学史研究》（*Der Monotheismus als politisches Problem: Ein Beitrag zur Geschichte der politischen Theologie im Imperium Romanum*），莱比锡，1935 年。我们的分析遵循了他的思路。

洛就已经倾向于逍遥派的思辨了。亚里士多德在《形而上学》中提出如下原则:“岂善政而出于多门,宁一王以为治。”[①]在略早于斐洛时代的逍遥派文献的现存典型作品亚里士多德伪书《论大地》中,这个原则被阐述为君主制的帝国和神界的君主国的伟大的平行结构。[②] 君临宇宙的神界君主通过他的较次要的信使们统治世界,其方式如同波斯的伟大国王通过各省总督统治他的帝国。[③]斐洛把这个结构用于他的犹太一神教,目的在于锻造一个政治的宣传工具,使犹太教在帝国中作为一种祭仪具有吸引力。[④] 显而易见,他根据逍遥派的文献,使犹太人的王变成了波斯意义上的 103
“万王之王”,而其他的一切神都被系于下级统治者的等级。[⑤] 他谨慎地保留了犹太人的选民地位,但通过把侍奉耶和华变成侍奉上帝,就是在逍遥学派意义上的宇宙统治者,他巧妙地让他们摆脱了他们的形而上学困境。[⑥] 为了使他成为建立结构意义上的世界

① 亚里士多德:《形而上学》,1076a。

② 《论大地》的年代确定为公元1世纪,具体时间是否是在斐洛在世期间,就我们的目的而言无关宏旨,因为我们感兴趣的只是它的有代表性的内容。

③ 《论大地》,卷6。

④ 关于斐洛的意图,参看彼得森:《作为政治问题的一神教》,第27页。埃尔温·R.古迪纳夫(Erwin R. Goodenough)的《斐洛的政治学》(*The Politics of Philo Judaeus*)(纽黑文,1938年),以及《斐洛引论》(*An Introduction to Philo Judaeus*)(纽黑文,1940年),第3章。

⑤ 斐洛:《论专门的律法》(*De specialibus legibus*),i. 13. 18. 31;《论十诫》(*De decalego*),第61节。

⑥ 彼得森:《作为政治问题的一神教》,第23页及以下诸页。在《论亚伯拉罕》(*De Abrahamo*)第98节中,犹太人被形容为“上帝最珍爱的”民族,“为了整个人类的利益”,上帝给他们赋予了司铎和预言的天赋。在《论专门的律法》第167节中,犹太人的祈祷是代表整个人类的。在《论专门的律法》第97节中,犹太人的最高祭司不仅为整个人类,而且为全部受造物而祈祷和致谢。

秩序（亦即“*taxis*”）的上帝，他甚至提到了柏拉图的《蒂迈欧篇》。[①]犹太人在侍奉这个上帝时，也是在代表人类侍奉他。当他引用这段出自亚里士多德《形而上学》的话以及其中包含的荷马的诗句，他坚持认为，那句诗应该视为对于宇宙的统治和政治的统治而言同样有效。[②]

基督教的思想家们继承了斐洛的思辨。[③] 由于君士坦丁时代的该撒利亚的优西比乌斯，对罗马帝国中的基督教形势的适应获得了全面的发展。[④] 像他以前和后来的其他基督教思想家一样，优西比乌斯被基督的降世与奥古斯都造就的帝国和平之间的巧合

104 深深地吸引。他的精致的历史作品，在一定程度上是出自他对于罗马人对先前独立之民族的顺乎天意的征服的兴趣。当地中海地区的各政治实体的自主性存在被奥古斯都打破时，基督教的使徒们就能够畅行无阻地游遍整个帝国传布福音；若不是“城邦的迷信之人”的怒火因惧怕罗马的权力而受到抑制，他们几乎不可能执行他们的传教使命。[⑤] 此外，在优西比乌斯看来，罗马和平（*pax Romana*）的确立，不仅是对基督教的扩张具有现实意义，而且似乎与上帝之国的秘密有着密切的联系。他认为，在前罗马时代，同胞

---

① 斐洛：《论创世》（*De fuga et inventione*），第10节。关于“*taxis*”由柏拉图笔下的意义改变为秩序结构的意义，参看彼得森：《作为政治问题的一神教》，第28—29页。

② 斐洛：《论语言的变乱》（*De confusione linguarum*），170。

③ 关于基督教护教文学对斐洛的神圣君主国之思想的吸纳，参看彼得森：《作为政治问题的一神教》，第34—42页。

④ 关于优西比乌斯，参看前揭书，第71—76页，以及伯克霍夫：《教会与皇帝》，第100—101页。

⑤ 优西比乌斯：《福音的证明》（*Demonstratio evangelica*），iii.7.30-35。

们并不生活在真正的共同体中，而是陷入持续不断的相互战争。奥古斯都化解了多元主义的多头政治；在他的一元统治下，和平降临大地，这就满足了圣经《弥迦书》4：4 和《诗篇》71：7 的预言。简而言之，鉴于罗马和平（*pax Romana*）与道（the Logos）的显现在历史上同时发生，当优西比乌斯用关于主的和平的末世论预言来指罗马和平时，他就把这些预言政治化了。[①] 最后，优西比乌斯认为奥古斯都所开启的事业会由君士坦丁完成，他在《君士坦丁赞》（*Laus Constantini*）中盛赞君士坦丁，因为他在位期间模仿神界的君主国，地上的皇帝（*basileus*）代表唯一上帝，天上唯一的王，唯一的法和道。[②] 这其实是返回到对宇宙真理的大一统代表。

当然，这种和谐并不能持续；一旦某些更敏感的基督徒理解了问题，它就必然被打破。关于基督学的斗争使问题到了非解决不可的地步。塞尔苏斯就已责备过基督徒，说他们没有严肃地对待他们自己的一神教，而是在基督身上塞入第二个上帝。[③] 面对阿里乌斯（约公元 250—336 年）的异端邪说的刺激，这其实是一个必须在基督学争论中予以解决的关键问题。有必要找到符号来解释作为三位一体的唯一上帝；随着对三一神论的完全理解，优西比乌斯类型的构造就会终结。可以理解，皇帝和宫廷神学家宁愿站在阿里乌斯一方；三一神论的争论严重干扰了皇帝作为唯一上帝之

① 优西比乌斯：《福音的证明》，vii. 2. 22，viii. 3. 13-15；彼得森：《作为政治问题的一神教》，第 75—77 页。

② 优西比乌斯：《君士坦丁赞》；1-10；彼得森：《作为政治问题的一神教》，第 78 页；伯克霍夫：《教会与皇帝》，第 102 页。

③ 奥利金：《驳塞尔苏斯》，viii. 12-16。

代表的观念所依赖的一神教意识形态。当在西方人支持下对亚大纳西的抵制使得三一神论的符号话语取得胜利时，有关天上和地上的并行的君主国的思辨就难以为继了。神的君主国的语言并没有消失，但它获得了一种新的意义。例如，纳西昂的格列高利宣称，基督徒是相信神的君主国的信徒，不过他又说，他们并不相信一个位格的神的君主国，因为这种神会引起无穷纠纷；基督徒相信三位一体，上帝这个三位一体在受造物中没有类似物。君主制帝国的一夫并不能代表三一神性。[1] 三位一体的上帝的观念在政治中是如何地不可操作，君士坦丁四世波戈纳图斯（公元 668—685 年在位）统治时期发生的一件事可资证明：军队要求他任命他的两

106 个兄弟为共治皇帝，以便世上有对于三一神性的代表。[2] 这更像是一个玩笑而不是严肃的建议；在事件进行过程中，皇帝三一体的第二和第三位格遭到劓刑，或许是不可避免的。

优西比乌斯还有一个杰出的思想是，承认在一个充满纷乱的时代里，在罗马和平中应验末世论预言（这个观念强烈地使人想起，西塞罗愿意看到，哲学家的完美秩序通过罗马而得以实现），已是不可能之数。不过，圣奥古斯丁对《诗篇》46:9 的预言的注解，

---

① 彼得森：《作为政治问题的一神教》，第 96 页及以下诸页。

② 卡尔·克伦巴赫尔（Karl Krumbacher）：《拜占庭文学史》（*Geschichte der byzantinischen Literatur*），第 2 版，慕尼黑，1897 年，第 954 页。E. W. 布鲁克斯（E. W. Brooks）：《公元 717 年以前希拉克略的继承者》（*The Successors of Heraclius to 717*），见《剑桥中世纪史》第 2 卷，第 13 章，第 405 页；伯克霍夫：《教会与皇帝》，第 144 页。据我所知，三位一体应用于帝国统治的另一个仅有的例子是公元 368 年或稍后时期奥索尼乌斯（Ausonius）的《复活之歌》（*Versus Paschales*）。在这首复活节的诗歌中，可以看到，三位一体在尘世上的体现是帝瓦伦廷一世及他的共治皇帝瓦林斯和格拉蒂安（《奥索尼乌斯》，楼卜古典丛书，1:34ff）。

仍然可以视为正统的对立观点的一种明确断言。文本是："他止息刀兵，直到地极。"圣奥古斯丁注："我们看到的还没有完成；所以我们有战争。民族之间有争夺统治权的战争。也有教派之间，犹太人、异教徒、基督教徒和异端之间的战争；这些战争甚至与日俱增；一方为真理而战，另一方为谬误而战。'止息刀兵，直到地极'绝无可能应验；但或许我们希望它会应验。"[①]

这是正统基督教中的政治神学的终结。基督教意义上的人的精神命运绝不能在地上被一个政治社会的权力组织所代表；而只能由教会来代表。权力领域被彻底地去神化，开始成为俗世的了。以教会和帝国对社会中的人进行双重的代表，持续了整个中世纪。专属于现代的代表问题是与社会的再神化相联系的。接下来的三讲就要探讨这些问题。

① 奥古斯丁：《诗篇注》(*Enarratio in Psalmum*)，xlv. 13。

四、灵知主义:现代性的本质

1

114

罗马帝国里的各种类型的真理的冲突以基督教的胜利结束。这个胜利的重大后果是俗世的权力领域的去神化;这预示着,专属于现代的代表问题会与人和社会的再神化有某种关联。这两个术语其实需要进一步界定,尤其是因为现代性的概念以及随之而来的历史分期取决于再神化的含义。因此,去神化(de-divinization)是指一个历史过程,在这个过程中,多神教文化因为经验的衰竭而死亡,人在社会中的存在,通过对于人之命运的经验,在超世界的上帝的恩典下追求至福愿景的永恒生命而重新确立秩序。然而,再神化(re-divinization)却不是指希腊—罗马意义上的多神教文化的复活。把现代政治大众运动描述为新的异教,尽管颇为流行,却是误导性的,因为它为了表面的相似而牺牲了现代运动在历史上独具的本性。现代的再神化恰恰起源于基督教本身,出自于公教会视为异端而加以压制的许多成分。因此,这一基督教内部的紧张,其性质必须加以详尽地确定。

这一紧张来自于,就历史起源而言,基督教是犹太教的一种弥赛亚运动。早期基督教共同体的生命在经验上并不确定,而是在基督再降临、上帝的王国随之而来临的末世论期待与把教会理解为基督在历史中的启示之间摇摆,由于基督再降临并未发生,教会实际上从历史中的王国的末世论逐渐发展到超历史的、超自然的人之圆满的末世论。在这个进化中,基督教的特定本质脱离了它的历史起源。[①] 这个分离开始于耶稣在世时期,[②]而且在原则上完成于圣灵在五旬节的降临。尽管如此,对一个即将来临的王国的期待,通过忍受迫害的苦难而一次又一次地被激发到白热化;末世论情绪的最辉煌的表达,亦即圣约翰的《启示录》,被纳入圣典,尽管对于它和教会观念能否相容,人们是疑虑重重的。这一纳入有许多重大的后果,因为随着《启示录》一起被接受的是革命性的千禧年报喜,在千禧年中,基督会与他的圣徒统治世界。[③] 这一纳入不仅认可了大量的犹太教启示文献在基督教内的永远的有效性,而且提出了一个最紧迫的问题:千禧年说与教会的观念和存在如何能相安无事?如果基督教信仰存在于希冀从此世得到救赎的强烈欲望中,如果基督徒是生活在对未得救的历史的终结的期待中,如果他们的命运只有通过《启示录》第20章的意义上的王国才能

① 基督教从末世论向启示录的转变,参看阿洛伊斯·登普夫(Alois Dempf):《神圣帝国》(*Sacrum Imperium*),慕尼黑,1929年,第71页及以下诸页。

② 阿尔贝特·史怀哲(Albert Schweitzer):《找寻历史上的耶稣》(*Geschichte der Leben Jesu Forschung*),图宾根,1920年,第406页及以下诸页;莫里斯·戈盖尔(Maurice Goguel):《耶稣》(*Jesus*),第2版,巴黎,1950年,"加利利人的危机",特别是第69页及以下诸页。

③ 关于早期基督教的这个紧张、对《启示录》的接受及其在西方革命性的末世论中的作用,参看雅各布·陶布斯(Jakob Taubes):《西方末世论》(*Abendländische Eschatologie*,波恩,1947年,特别是第69页及以下诸页。

109 得以满足，那么教会就被降低为一个人们组成的暂时性的共同体，他们在等待伟大的时刻，希望这个时刻在他们的有生之年降临。在理论层面上，这个问题只是通过圣奥古斯丁在《上帝之城》里所展示的解释绝技（the tour de force of interpretation）才得到了解决。在那里，奥古斯丁巧妙地消解了对千禧年的字面上的信仰，视之为“胡说八道”（ridiculous fables），然后大胆地宣布说，千年王国就是耶稣在当世在他的教会中的统治，它会一直持续到末日审判和彼岸的永恒王国的降临。[①]

在历史上，奥古斯丁关于教会的概念直到中世纪结束前一直有效，并未有实质性的变化。会改变尘世之历史结构的对再降临的革命性期待，作为谬论被排除了。道已经在基督那里成了肉身；救赎的恩典已经赐予人；除了基督在他的教会中的属灵的在场以外，不会有社会的神化。犹太教的千禧年主义连同多神教被一道排除了，就像犹太教的一神教连同异教、形而上学的一神教被一道排除了一样。这让教会成为信奉基督的圣徒们和罪人们的共同的精神组织，成为上帝之城（*civitas Dei*）在历史中的代表，成为永恒在时间中的闪现。相应地，这让社会权力组织成为人的一种属世的代表，具体而言就是代表人性中不够永恒的部分，会随时间转变为永恒而消失的部分。一个基督教社会连属为其属灵的和属世的秩序。在其属世的连属化中，它不带千禧年幻想地接受了人的处境（*conditio humana*），不过，它又通过由教会代表人的精神命运而提升了自然存在。

① 奥古斯丁：《上帝之城》，xx. 7，8，9。

记住属世秩序的观念在历史上是通过罗马帝国来体现的，这 110
幅图画想必就完成了。通过用但以理的“第四国”（the Fourth Monarchy）[①]预言来指永恒帝国（*imprium sine fine*）[②]，就是世界终结前的最后王国，罗马被置入一个基督教社会的观念中。[③] 教会作为人之精神命运在历史上的具体代表，与罗马帝国作为人之属世性在历史上的具体代表相并行。因此，把中世纪帝国理解为罗马的延续，并非一种模糊的历史残留物；这种理解是一种历史观的一部分，在这种历史观看来，罗马的终结将意味着末世论意义上的世界终结。这种历史观，当其情绪和制度的基础在逐步瓦解时，在观念王国里还存活了几百年。直到 17 世纪末，在波舒哀的《世界史》那里，世界历史才最后一次按照奥古斯丁的传统来撰写；而第一个敢于和波舒哀唱反调来撰写世界历史的现代人是伏尔泰。

2

西方基督教社会因此连属为属灵与属世的秩序，以教皇和皇帝均作为存在的和超越的意义上的代表。从这个社会及其确立的符号话语中，随着王国末世论的复活，发生了专属于现代的代表问题。这个运动有一段漫长的社会和思想的前历史，而直到 12 世纪

---

① 《但》，2：44。

② 维吉尔：《埃涅阿斯纪》，i. 278-279。

③ 数量庞大的文献，参看恩斯特·特勒尔奇（Ernst Troeltsch）：《基督教会和组织的社会学说》（*Die Soziallehren der christlichen Kirchen und Gruppen*），图宾根，1920 年，第 112 页。

末，对社会的一种再神化的欲望才产生了一套属于它自身的明确的符号话语。以下分析将开始于最早在菲奥雷的约阿希姆本人及
111 其作品中对这个观念的清晰而全面的表达。

当约阿希姆把三位一体的符号运用于历史进程时，他就与奥古斯丁的一个基督教社会的概念决裂了。在约阿希姆的思辨中，人类历史有三个时代，对应于三位一体的三个位格。世界的第一个时代是圣父时代；随着基督的降世，开始了圣子时代。但圣子时代并不是最后的时代；之后还有第三个时代，圣灵时代。这三个时代的特点是属灵的应验（spiritual fulfilment）明显地增加。第一个时代展开了俗人的生命；第二个时代迎来了祭司的积极的、沉思的生命，第三个时代将迎来修道士的圆满的精神生命。此外，这些时代具可比较的内部结构和可计算的长度。就结构的比较而言，每个时代都开始于三位领袖人物，其中有两个先驱，接下来是时代的领袖本人；就长度的计算而言，圣子时代会在 1260 年终结。第一个时代的领袖是亚伯拉罕；第二个时代的领袖是基督；约阿希姆预言说 1260 年会出现一个巴比伦之王（*Dux e Babylone*），就是第三个时代的领袖。[①]

约阿希姆在他的三一神论的末世论中创立了一套符号，它们支配着直到今日的现代政治社会的自我解释。

---

① 关于菲奥雷的约阿希姆，参看赫伯特·格伦德曼（Herbert Grundmann）：《约阿希姆研究》（*Studien über Joachim von Floris*），莱比锡，1927 年；登普夫：《神圣帝国》，第 269 页及以下诸页；埃内斯托·博纳尤蒂（Ernesto Buonaiuti）：《约阿希姆》（*Gioacchino da Fiore*），罗马，1930 年；以及陶布斯《西方末世论》和卡尔·洛维特（Karl Löwith）：《历史中的意义》（*Meaning in History*），芝加哥，1949 年，论及约阿希姆的章节。

这些符号的第一个是三个时代前后相续的历史观。第三个时代可理解为终极的第三王国。这个符号有许多显而易见的变种，诸如人文主义者和百科全书派的历史分期，把历史划分成古代、 112
中世纪和现代；杜尔哥和孔德的神学、形而上学和科学三阶段论，黑格尔的自由、自我反思的精神实现的三阶段辩证法；马克思的原始共产主义、阶级社会和共产主义三阶段辩证法；以及最后是纳粹的第三帝国的符号——尽管这是一个需要进一步研究的特例。

第二个符号是领袖的符号。[①] 这个符号在方济格属灵派的运动中具有立竿见影的效果，该教派在圣方济格身上看到了约阿希姆预言的实现；通过但丁对新的圣灵时代的领袖（*Dux*）的沉思，它的效力进一步增强。然后，可以在中世纪晚期、文艺复兴和宗教改革的圣灵式的人物、属灵的人（*homines spirituales*）和新人（*homines novi*）那里找到它的踪迹；还可以看到它是马基雅维利《君主论》中的一个成分；在世俗化时代，它体现为孔多塞、孔德和马克思的超人，直到后来它通过各个新王国的圣灵式领袖主宰了当代的舞台。

第三个符号，有时混同于第二个符号，是先知和新时代的符号。为了使一个终极的第三王国的观念获得有效性和确定性，作为一个清楚的、充满意义的整体的历史进程，必须被假定为对人类的知识而言是可理解的，无论是通过直接的启示抑或通过思辨的

① 关于约阿希姆思想的各种变型，参看洛维特《历史的意义》，附录一，“约阿希姆思想的现代变体”。

灵知去理解。因此，灵知派的先知，或者后来世俗化阶段中的灵知派知识分子，开始成为现代文明的一种标配。约阿希姆自己是这个类型的第一人。

第四个符号是自主的人们的友爱的符号。约阿希姆的第三个时代，通过圣灵的新的降临，无需圣礼的恩典中介就会把人们转变
113 为新王国的成员。在第三个时代，教会将不复存在，因为完美生命所必需的卡理斯玛才能，无需经营圣礼就能为人们所获得。约阿希姆认为新时代实际上是一个修道士的秩序的同时，原则上提出了一个共同体的观念，其成员们在精神上臻至完美，可以不要制度的权威而一起生活。这个观念可以有无数的变种。中世纪和文艺复兴时期的许多教派的不同程度的洁净以及清教的圣徒教会中可以看到它的踪迹；它的世俗化形式，已成为当代民主信念中一个强有力的成分；它是马克思关于自由王国和不断消亡的国家的神秘论的动力核心。

纳粹的第三帝国是一个特例。希特勒的千禧年预言无疑是出自约阿希姆的思辨，其在德国的中介是宗教改革的再浸礼派，以及费希特、黑格尔和谢林的约翰基督教。尽管如此，较之德国的唯心主义者们、孔德和马克思关于世界历史的思辨，把三一论图示具体运用于 1806 年终结的第一德意志帝国，1918 年终结的俾斯麦帝国以及纳粹运动的第三帝国，听起来却平庸而狭隘。这种民族主义的、附带的色彩是由于，第三帝国（*Dritte Reich*）这个符号并不是出自某个大哲学家的思辨努力，而是来自可疑的文字转写（literary transfer）。纳粹的宣传家们从默勒・范登布鲁克（Moeller

van den Bruck)关于该名词的小册子中把它捡了起来。[1] 默勒在把陀思妥耶夫斯基的作品译成德文版的过程中，发现它是一个方便 114
的符号，不过他并不抱有纳粹的意图。俄国人的第三罗马的观念与纳粹的第三帝国的观念异曲同工，都是混合了精神王国的末世论与它的因一个政治社会而实现。这另一支的政治再神化，现在必须予以考虑。

仅只是在西方，奥古斯丁的教会概念在历史上才有效地导致了通过属灵权力和属世权力对社会的清晰的双重代表。属世的统治者在地理上与罗马相距甚远，无疑有利于这一进程。在东方发展出的拜占庭的凯撒教皇制，直接继承了在异教罗马中的皇帝的地位。君士坦丁堡是第二罗马，正如查士丁尼关于罗马习惯法的谕令中说："而罗马不仅应该理解为老罗马，还指我们的皇城。"[2] 君士坦丁堡陷入土耳其人之手后，莫斯科作为正教帝国之继承者的理念，在俄罗斯的教士界中获得了土壤。让我们引用普斯科夫

① 默勒·范登布鲁克：《论第三帝国》(*Das Dritte Reich*)，汉堡，1923 年。另参看默勒·范登布鲁克：《论政治势力》(*Die politischen Kräfte*)(布雷斯劳，1933 年)中的"论第三帝国与年轻人"一章。这个符号慢慢地才获得接受。《论第三帝国》第 2 版迟至 1930 年才发行，已是作者自杀身亡五年以后；参看玛丽·阿格尼丝·汉密尔顿(Mary Agnes Hamilton)为该书英文版《德意志第三帝国》(伦敦，1934 年)写的"导言"。

② 《查士丁尼法典》，i. xvii. 1. 10。我们所引的是这个观念的正式法律表述。关于君士坦丁堡的建立和组织在意义上的细微差别，参看安德鲁·奥尔弗尔迪(Andrew Alföldi)：《君士坦丁改信与异教罗马》(*The Conversion of Constantine and Pagan Rome*)，哈罗德·马丁利(Harold Mattingly)译，牛津，1943 年，第九章，"老罗马和新罗马"。两个罗马之间的张力或许从公元 381 年君士坦丁堡会议的第三条教规中可见一斑："君士坦丁堡主教应享有与罗马主教同等的地位和荣誉，因为君士坦丁堡是新的罗马。"亨利·伯滕逊(Henry Bettenson)：《基督教会文献》(*Documents of the Christian Church*)，纽约，1947 年，第 115 页。

的非洛费写给伊凡大帝的一封信中的一段著名的话：

> 由于阿波利拿里的无神论异端，第一罗马的教堂失
> 陷了。第二罗马在君士坦丁的大门也已被以实玛利人捣
> 毁。如今在您的帝国中的第三罗马的神圣的使徒教会，
> 在基督教信仰的荣耀下光照全世界。虔诚的沙皇陛下，
> 您知道，正统基督徒的所有帝国已并入您的麾下，您是宇
> 115 宙唯一的独裁者，是一切基督徒的唯一沙皇。……根据
> 《先知书》，一切基督教帝国都有终结之时，而且并入同一
> 个帝国，就是我们的哥苏达的帝国，亦即俄罗斯帝国。两
> 个罗马已经陷落，但第三罗马将会永远存在，绝不会有第
> 四罗马。[①]

把这个观念制度化用了一百年的时间。伊凡四世是第一个给自己加冕的留里克，他于 1547 年给自己加冕为东正教皇帝；[②] 1589 年，

---

① 关于第三罗马，参看希尔德加德·舍德尔(Hildegard Schaeder)：《莫斯科——第三罗马：斯拉夫世界的政治神学研究》(*Moskau—Das Dritte Rom：Studien zur Geschichte der politischen Theorien in der slavischen Welt*)，汉堡，1929 年；约瑟夫·欧拉尔(Jeseph Olšr)："最后的留里克王朝与俄罗斯国家主权的意识形态基础"(*Gli ultimi Rurikidi e le base ideologiche della sovranità dello stato Russo*)，载于《东方基督教杂志》(*Orientalia Christiana*)，第 12 期(1946 年)；胡果·拉纳尔(Hugo Rahner)：《从第一到第三罗马》(*Vom Ersten bis zem Dritten Rom*)，因斯布鲁克，1950 年；保罗·米留科夫(Paul Miliukov)：《俄罗斯文化概要》(*Outlines of Russian Culture*)第一部，《宗教与教会》(*Religion and the Church*)，费城，1945 年，第 15 页及以下诸页。

② 乔治·沃尔纳德斯基(George Vernadsky)：《俄罗斯政治外交史》(*Political and Diplomatic History of Russia*)，波士顿，1936 年，第 158 页。

君士坦丁堡的大牧首被迫设立了第一个独立自治的莫斯科大牧首,等于正式承认莫斯科就是第三罗马。[①]

这个观念的兴起和制度化的时间至关重要。伊凡大帝的统治与西方民族国家(英国、法国、西班牙)的巩固同时,伊凡四世与提奥多罗一世的统治与西方的宗教改革同时。确切地说,当西方帝国的连属最终瓦解,当西方社会将其自身重新连属为诸民族国家以及多个教会时,俄国开启了她之作为罗马继承人的历程。从一开始,俄国就不是一个西方意义的民族,而是一个文明区域,大俄罗斯人在种族上占多数,最终通过罗马统绪的符号而建构成一个政治社会。

俄国社会本身自成一个类型,西方是逐渐认识到这一点的。1488年,马克西米利安一世还试图把俄罗斯纳入西方政治体系,
要给伊凡大帝提供一顶王冠。莫斯科大公拒绝了这项荣誉,理由 116
是他的权力来自他的祖先,并蒙受上帝的赐福,所以毋庸西方皇帝的确认。[②] 一个世纪后,1576年,在西方人对土耳其作战时期,马克西米利安二世更进一步,向伊凡四世提出承认其为希腊东方的皇帝,以获得支援。[③] 俄罗斯的统治者再次表示出甚至对皇冠亦毫无兴趣,因为在那时,通过清算封建贵族并代之以新的农奴制贵族,伊凡已经致力于建造俄罗斯帝国。[④] 通过这一血腥的举措,伊凡雷帝给俄罗斯社会打上了不可磨灭的社会连属化的烙印,一直

---

① 乔治·沃尔纳德斯基:《俄罗斯政治外交史》,第180页。

② 同前,第149页。

③ 拉纳尔:《从第一到第三罗马》,第15页。

④ 沃尔纳德斯基:《俄罗斯政治外交史》,第169页及以下诸页。

决定着她直到今日的内部政治史。在超越方面，俄罗斯作为基督教真理的大一统的代表者而区别于所有西方民族；通过她的社会再连属化——在此过程中，沙皇成为了一个存在上的代表——她彻底地切断了西方民族国家意义上的代表制度的发展。最终，还是拿破仑认识到了俄罗斯的问题，拿破仑于 1802 年说，世界上只有两个民族，俄罗斯和西方。①

无论在超越方面还是在存在方面，俄罗斯都形成了一种自成一格（*sui generis*）的代表类型。彼得大帝的西方化并没有从根本上改变这个类型，因为这种西方化实际上对社会连属化毫无影响。人们确实可以谈论拿破仑战争之后恰达耶夫、加加林和佩切林那一代人中的高级贵族个人的西方化；但是沙皇的私人奴仆并没有将自身转变为贵族等级，一个连属的贵族阶级（*baronagium*）。或
117 许甚至看不到作为俄罗斯的政治西方化之条件的阶级合作行动的必然性；毫无疑问，如果说曾经有朝这个方向进化的可能，这种可能性也随着 1825 年的十二月党人起义而终结了。紧接着，由于霍米亚科夫，亲斯拉夫、反西方的历史哲学开始了，这种历史哲学在中层贵族知识分子中具有广泛影响，它将第三罗马的启示提升为俄罗斯为了全人类而承担的弥赛亚式的末世使命。在陀思妥耶夫斯基那里，这一弥赛亚主义的叠加体现为奇怪而矛盾的一个独裁的正教俄罗斯的愿景，这个俄罗斯终究要征服世界，在征服的过程

① 拿破仑（Napoleon）：《政谭》（*Vues Politiques*）里约热内卢，未注明日期，第 340 页。

中逐渐形成一切真信基督徒的自由社会。[1] 这个矛盾的愿景,在它的世俗化形式中,使人想到一个无产阶级专政的俄国,在它对世界的征服中,逐渐形成马克思主义的自由王国。在自由派的沙皇统治下尝试进行俄罗斯社会的西方式连属化,随着 1917 年革命而成为一段昔日的插曲。随着共产主义政党的干部成了为国家服务的贵族,作为一个整体的人民开始再次变成旧俄罗斯意义上的沙皇农奴;伊凡雷帝在农业经济基础上建立的特辖制(*oprichnina*),在工业经济的基础上重新被大规模建立起来。[2]

3

从对约阿希姆的符号的说明中,从对它们后来的变种的粗略 118
考察中,从它们与第三罗马的政治启示的混合中,可以清楚地看到,这种新的末世论决定性地影响了现代政治的结构。它已产生一套界限分明的符号话语,西方各政治社会借之解释它们自身存在的意义;这个或那个变种的追随者在国内和世界舞台上决定着社会的连属化。然而,到此为止,这个符号话语在自我解释的层面上已被接受,已被描述为一种历史现象。现在,必须对其主要层面

① 有关陀思妥耶夫斯基的这个看法,参看德米特里·梅列日科夫斯基(Dmitri Merezhkovski):《论宗教革命》(*Die religiöse Revolution*),这是他为陀思妥耶夫斯基的《政治著作》(*Politische Schriften*)(慕尼黑,1920 年)所写的导言,以及伯恩哈德·舒尔茨(Bernhard Schultze):《俄国思想家》(*Russische Denker*),维也纳,1950 年,第 125 页及以下诸页。

② 亚历山大·冯·谢尔廷(Alexander von Schelting):《俄罗斯与欧洲》(*Rußland und Europa*),波恩,1948 年,第 123 页及以下诸页,第 261 页及以下诸页。

予以批判的分析，这种分析的基础必须通过提出理论上有相干性的问题来奠定。

就其主题而言，约阿希姆的末世论是一种对历史的意义的思辨。为了确定其种差，有必要把它和当时传统的基督教哲学、即奥古斯丁的思辨相对照。早已进入传统思辨的，是犹太基督教关于在一种可理解的圆满意义上的历史终结的观念。历史不再像在柏拉图和亚里士多德那里一样是循环运动的，而是获得了方向和目标。专属于基督教的历史概念，超越了严格意义上的犹太教弥赛亚主义，已开始把历史的终结理解为一种超越的圆满。奥古斯丁在对他的这个理论洞见的阐述中，区分了世俗历史领域与神圣历史，在世俗历史中帝国兴起又衰落，而神圣历史则以基督的出现和教会的建立为顶峰。此外，他把神圣历史嵌入上帝之城的超越的历史，上帝之城包括天使领域的事件和超越的永恒安息。只有超越的历史，包括尘世的教会朝圣之旅，才会趋向末世论的圆满。相反，世俗历史并没有这种方向；它是一种对终结的等待，它的当前模式是时代衰老（*saeculum senescens*）的模式。[①]

119 到了约阿希姆的时代，西方文明正茁壮地成长；一个开始感觉到自身力量的时代，不大容易忍受奥古斯丁关于存在的俗世领域的失败主义。约阿希姆的思辨是一种赋予尘世的历史进程以意义的尝试，在奥古斯丁的概念中是找不到这种意义的。为此目的，约阿希姆使用他手头拥有的东西，亦即超越历史的意义。在西方首次对意义予以内在化的尝试中，与基督教的联系并未丧失。约阿

---

① 有关对奥古斯丁的历史概念的阐述，参看洛维特：《历史中的意义》。

希姆的新时代会带来一种在历史之内的不断增加的圆满,但这种不断增加不会是由于一种内在的爆发;而是来自于精神的一种新的超越的迸发(irruption)。这个关于一种彻底内在的圆满的观念,在一个或许可称为"从人文主义到启蒙运动"的漫长过程中相当缓慢地发展;只是到了18世纪,随着进步观念的兴起,在历史中意义的增长才开始成为一种彻底的尘世之内的现象,而没有超越的迸发。这第二阶段的内在化可称为"世俗化"。

从约阿希姆的内在化中,产生了一个无论在古典还是在正统基督教中都没有的理论问题,亦即历史的理念(*eidos*)的问题。[①]毫无疑问,在希腊人的思辨中,我们同样有一个关于政治中的本质的问题;对于柏拉图和亚里士多德而言,城邦有一个理念。但是这个本质的实现受制于兴衰的节奏,在政治现实中周期性地体现或脱离这个本质乃是存在的奥秘(the mystery of existence);而不是另外一种理念。然后,基督教的救赎论真理打破了存在之节奏;在
现世的成功和逆境之外,还有人的超自然的命运,由于彼岸的恩典 120
而得的完美。人和人类如今拥有圆满,但它属于超自然的领域。再说一遍,并不存在历史的理念,因为末世论的超自然不是一种哲学的、内在的意义上的自然。因此,关于历史中的理念的问题,仅当基督教的超越的圆满开始内在化时才会发生。然而这样一个内在主义的末世实体,乃是一个理论性的谬误。冒昧地说,事物并不

① 关于历史的理念,参看汉斯·乌尔斯·冯·巴尔塔萨(Hans Urs von Balthasar):《历史神学》(*Theologie der Geschichte*),艾因西德伦,1950年,以及洛维特:《历史中的意义》。

是事物，它们也没有本质。历史过程作为一个整体，不是经验的对象；历史没有理念，因为历史过程延伸至不可知的未来。因此，历史的意义是一个幻觉；这种虚幻的理念是这样创造出来的，就是把一个信仰符号视为一个关于内在经验的对象的命题。

历史的理念的谬误特征已经在原则上得以展示——不过，我们的分析可以、而且必须进一步深入某些细节。基督教关于超自然的命运的符号话语自身有一个理论结构，这个结构被延续到内在化的诸多变种上。朝圣的历程，生命的净化，是朝向一个目的的运动；这个目的，即至福的愿景，是一个完美状态。因此，在基督教的符号话语中，我们可以区别作为其目的论成分的运动与作为其价值论成分的一个最高价值的状态。[①] 这两个成分在内在化的诸多变种中再次出现；它们可以相应地归为以下变种，要么强调目的论成分，要么强调价值论的成分，要么二者兼备。在第一种情况下，强调的重心在于运动，而没有澄清最终的完美，结果将是对历
121 史的进步主义阐释。目标无须澄清，因为像狄德罗或达朗贝尔这样的进步主义思想家们，认为可以选出一些可欲的因素作为标准，并把进步解释为当下福利的质和量的增长——用我们简单化的口号来讲就是“更大更好”。这是一种保守的态度，而且或许还会变成反动的态度，除非不断调整原初的标准，以适应变化的历史情境。在第二种情况下，强调的重心在于完美状态，而没有澄清实现

① 有关这两个成分的区别（这是特勒尔奇率先提出的）以及后续的神学争论，参看汉斯·乌尔斯·冯·巴尔塔萨：《普罗米修斯》（*Prometheus*），海德堡，1947 年，第 12 页及以下诸页。

它所需要的手段,结果将是乌托邦主义。它可能会呈现出价值上的梦想世界的形式,例如在莫尔的《乌托邦》中那样,如果思想家依然明白,这个梦想无法实现以及为什么无法实现;或者因为理论上的无知,它可能会呈现出社会理想主义的形式,比如废除战争,废除财产的不平等分配,废除对匮乏的恐惧。最后,内在化或许会扩展到整个基督教的符号。那么结果将是行动的神秘主义,通过革命的人性改造来达到一种完美状态,比如在马克思主义中那样。

4

现在,分析可以在原理层面上展开了。试图构筑一个历史理念的做法,会导致对基督教末世的荒谬内在化。然而,把这种企图理解为谬误,会造成许多关于沉溺于此种企图的那类人的棘手问题。这个谬误看起来相当初级。能否以为,沉溺于此的思想家不够聪明而无法看透它?或者他们已经看透,而出于某种鲜为人知的邪恶理由却依然宣传它?仅只是提出这样的问题就带有了否定的答案。显而易见,人们不能以愚蠢和虚伪来解释七百年的思想史。毋宁说,有必要认为这些人的灵魂中有一个使他们对这个谬误视而不见的动机。 122

这一动机的性质,不能通过对这一谬误的结构进行更细致的分析来发现,必须要把注意力更多地集中于这些思想家通过他们的谬误构筑获得了什么,这一点是毫无疑问的。他们获得了关于历史的意义、关于他们自身在历史中的位置的确定性;否则他们是不可能获得这个确定性的。为了克服不确定性以及随之而来的焦虑，确定性是必需的；那么接下来的问题是，究竟是什么具体的不确定性是如此令人不安，以至于要通过谬误的内在化这种可疑的办法来克服呢？无需不着边际地寻找答案。不确定性正是基督教的本质。在一个“充满许多神”的世界里的安全感随着诸神本身而消失了；当世界已经去神化，与超世界的上帝的交流就被简化为《希伯来书》11:1 意义上的薄弱的信仰纽带，信就是所望之事的实底，是未知之事的确据。从本体论来讲，所望之事的实底只能在信仰本身中看到，除此之外无处可寻；从认识论来讲，除了这个信仰之外，未知之事的证据并不存在。[①] 这一纽带其实是脆弱的，或许会轻易地绷断。向上帝敞开的灵魂的生命、等待、贫乏沉闷期、负罪和沮丧、悔恨和忏悔、孤寂和希望、无声萌动的爱和恩典、在确定性边缘的战栗——这一构造之轻，对于渴望大量占有之经验的人而言，或许是一个不堪承受之重负。基督教取得世间的成功之后，

123 信仰崩塌到具有社会相干程度的危险就会增加，换言之，如果基督教在制度性压力的帮助下，彻底渗透到一个文明地区，与此同时，如果基督教在进行一个内部的精神化过程，一个更加彻底地实现其本质的过程，这种危险就会增加。被拽入或推入基督教影响范围的人越多，他们当中缺乏精神毅力去忍受基督徒的灵魂的英雄式冒险的人的数量就越多；当教育、文学和学术争论的文明进程把极端严肃的基督教交给甚至为数更多的个人的理解力时，类似的

---

① 我们对于信仰的不确定性的反思，应当作为经验的心理学来理解。关于《希伯来书》11:1 中信仰之定义的神学，参看托马斯·阿奎那《神学大全》，第二集第二部第 4 题第 1 节。

信仰崩塌也会发生。这两个进程都是中世纪盛期的特征。这里无意展示历史的细节,只要概括地提到不断成长的城市社会以及它们的高强度的精神文化就够了,这些城市社会是主要的中心,这种危险就是从那里辐射到整个西方社会的。

如果基督教意义上的信仰的崩塌之困境是一种大众现象,那么结果就将取决于不可知论者们所陷入的文明环境的内容。一个人不能退回到绝对意义上的自我,因为如果他试图这样做,那么他立即会发现自己堕入绝望与虚无的深渊;他不得不退回到一个不那么分殊化的精神经验的文化中。在12世纪的文明处境下,不可能退回到希腊—罗马的多神教,因为它作为一个社会的活的文化已消失了;而那些贫乏的残余几乎不可能复兴,因为对于尝过基督教的滋味的人而言,它们已丧失了魅力。这种崩塌只能通过经验上的替代品来补救,它与信仰的经验足够接近,只有锐利的眼光才

能看出差异,但又与之保持足够的距离,以补救严格意义上的信仰 124
的不确定性。这种替代性的经验近在眼前,就在从一开始就伴随基督教的灵知中。①

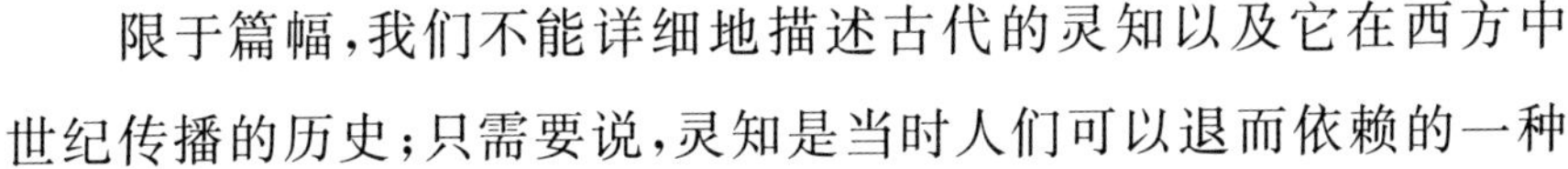

限于篇幅,我们不能详细地描述古代的灵知以及它在西方中世纪传播的历史;只需要说,灵知是当时人们可以退而依赖的一种

① 对于灵知的诠释正在突飞猛进,只需研究最近一代人的主要作品,就可以获得对其方方面面的理解。其中特别有价值的是欧仁·德·法耶(Eugène de Faye):《灵知派和灵知主义》(*Gnostiques et gnosticisme*),第2版,巴黎,1925年;汉斯·约纳斯(Hans Jonas):《灵知与近古的精神》(*Gnosis und spätantiker Geist*),哥廷根,1934年;西蒙娜·彼得勒芒(Simone Pétrement):《柏拉图、灵知派与摩尼教的二元论》(*Le Dualisme chez Platon, les Gnostiques et les Manichéens*),巴黎,1947年;以及汉斯·泽德贝格(Hans Söderberg):《纯洁派的宗教》(*La Religion des Cathares*),乌普萨拉,1949年。

活的宗教文化。试图对存在的意义加以内在化的努力，从根本上说是一种尝试，要使我们对于超越领域的知识，拥有比因信得解(*cognitio fidei*)所提供的更坚实的把握；灵知的经验可以提供这种更坚实的把握，只要这些经验是灵魂的一种膨胀，以至上帝被拽入人的存在中。这种膨胀会动用人的各种禀赋；因此，根据在对上帝的把握的过程中占主导的禀赋，能够区分出一系列灵知的变种。灵知有可能主要是智识的，所呈现的形式是通过思辨去洞悉造化和存在万有的奥秘，比如黑格尔和谢林的沉思的灵知。灵知也可能主要是情感的，所呈现的形式是神性的实体在寓居于人的灵魂中，比如在灵知派领袖那里。灵知也可能主要是意志的，所呈现的形式是对人和社会的积极的拯救，比如在革命的激进主义者孔德、马克思或希特勒那里。这些灵知经验，在其变化幅度内是对这个社会再神化的核心，因为陷入这些经验的人，通过以更大众的对神
125 性的参与的模式取代基督教信仰而把他们自己神化了。[①]

有必要清晰地把这些经验理解为内在主义末世论的核心，因为若非如此，西方政治从中世纪的内在主义经过人文主义、启蒙运动、进步主义、自由主义、实证主义到马克思主义的发展的内在逻辑，就是晦暗不明的。各种类型的内在主义者所提出的智识符号经常会互相冲突，各种类型的灵知派也会相互对立。可以想象，一个人文主义的自由主义者，当有人告诉他说，他的特殊类型的内在主义是通往马克思主义之路的一步时，他会多么愤怒。因此，记住

① 有关现代世界中的灵知主义现象之范围的一般意见，参看巴尔塔萨：《普罗米修斯》，第6页。

如下原理并非多余，历史的本体在于经验的层次上，而不是在于观念的层次上。世俗主义可以界定为早期各种圣灵派的内在主义的一种极端化，因为经验性的人的神圣化，在世俗主义的案例中更加极端。比如，费尔巴哈和马克思把超越的上帝解释为人自身中最优秀的部分向一个神性彼岸的投射，在他们看来，当人把这投射拽回其自身，当人开始意识到自己就是上帝，当最终人被改造成超人时，历史的伟大转折就会到来。[①] 马克思主义的这个改造，实际上是把一种不那么激进的中世纪经验推向了极端，就是把上帝的灵拽入人自身，而留下上帝自身停留在超越的领域。超人标志着一条道路的终结，在这条道路上，我们看到诸如英国宗教改革时期的神秘主义者的“神人”(godded man)这样的人物。[②] 此外，这些考虑将会解释和证明先前反对把现代政治运动描述为新异教的警
告。灵知的经验决定了一种本身自成一类的政治现实的结构。中 126
世纪的灵知主义与当代的灵知主义有一条渐进的变革路线相联系。这种变革是如此缓慢，以至于很难确定当代的现象是否应该归入基督教，因为它们显然是中世纪基督教异端的产物，中世纪的现象是否应该归入反基督教，因为它们显然是现代反基督教的渊

① 关于费尔巴哈和马克思的“超人”，参看亨利·德·吕巴克(Henri de Lubac)：《无神人文主义的悲剧》(*Le Drame de l'humanisme athée*)，第3版，巴黎，1945年；洛维特：《历史中的意义》，特别是第36页关于“新人”的引证；以及沃格林：“马克思的革命思想的形成”(The Formation of the Marxian Revolutionary Idea)，载于《政治学评论》(*Review of Politics*)，第12期(1950年)。

② “神人”是亨利·尼古拉斯(Henry Nicholas)的用语，参看鲁弗斯·M.琼斯(Rufus M. Jones)：《神秘主义宗教研究》(*Studies in Mystical Religion*)，伦敦，1936年，第434页。

源。最好的办法是放下这样的问题,并认识到现代性的本质是灵知主义的生长。

灵知是基督教从一开始起就有的一个伴随因素;其踪迹可以在圣保罗和圣约翰那里找到。[1] 灵知派异端是基督教在早期几百年里的强大对手;爱任纽在《反异端》(*Adversas Haereses*,约公元180 年)中考察和批判了形形色色的灵知主义的变种,这是一本关于异端问题的权威论著,对于想要理解现代政治观念和运动的学者而言仍有参考的价值。此外,除了基督教的灵知外,还存在着犹太教的、异教的和伊斯兰教的灵知;而且十分有可能,所有这些灵知的分支的共同起源,都要在叙利亚文明的前基督教地区中盛行的基本经验类型中寻找。然而,任何地方的灵知,都不像它在中世纪盛期那样呈现的是对内在历史之意义的思辨的形式;灵知并非不可避免地会导致从约阿希姆以降的作为现代性之特征的谬误的历史构筑。因此,在求取确定性的动力中,必然包含一个更进一步

127 的成分,使得灵知特别地倾向于历史的思辨。这个更进一步的成分就是中世纪盛期西方社会的文明扩张性。这是一个寻求意义的成熟时代,是一种不会容忍时代衰老之解释的有意识的生长。实际上,西方文明之意义的自我赋予紧随实际的扩张和分殊化的步伐。西方世界自克吕尼改革以降通过修会获得的精神生长,在约阿希姆关于僧侣的第三王国的观念的思辨中表达了自身;早期哲

[1] 关于早期基督教中的灵知,参看鲁道夫·布尔特曼(Rudolf Bultmann):《古代宗教中的早期基督教》(*Das Urchristentum im Rahmen der antiken Religionen*),苏黎世,1949 年。

学和文学的人文主义在但丁和彼特拉克的阿波罗帝国的观念中表达了自身，那是继帝国的属灵和属世秩序之后的一个智识生活的第三王国；[1]在理性时代，一个名叫孔多塞的人设想了人类统一文明的观念，在里面每个人都是一个法国知识分子。[2] 这一运动的社会载体随着西方社会的连属化和分殊化而相应地改变。在现代性的早期阶段，他们是与封建社会相对立的城镇居民和农民；在后来的阶段，他们是进步的资产阶级、社会主义的工人以及法西斯主义的底层中产阶级。最后，随着 17 世纪以降的科学的巨大进步，人们不可避免地倾向于说，认知的新工具将成为灵知派真理的符号工具。当实证主义的科学完成者以孔德纪元取代了基督纪元，这个特殊的变种就在灵知主义者对科学主义的思辨中达到了极致。直到今天，科学主义仍然是西方社会中最强劲的灵知主义运动；科学中的内在主义的傲慢是如此强烈，以至于通过物理学、经济学、社会学、生物学和心理学，各专门科学都在诸救赎的变种里留下一种特有的沉淀。 128

5

这种对现代灵知主义思辨中的成分的分析称不上是巨细靡

---

① 关于作为第三王国的阿波罗帝国，参看卡尔·布尔达赫（Karl Burdach）：《宗教改革、文艺复兴和人文主义》（*Reformation, Renaissance, Humanismus*），第 2 版，柏林，1926 年，第 133 页及以下诸页；以及同一作者的《里恩佐与他所处时代的精神变革》（*Rienzo und die geistige Wandlung seiner Zeit*），柏林，1913—1928 年，第二卷第一部分，“从中世纪到宗教改革”，第 542 页。

② 孔多塞：《人类精神进步史表纲要》（1795），第 310—318 页。

遗，但对于阐明在“第三王国”的符号下那些决定西方社会的政治连属化的经验这个更加直接的目标而言已经足够了。西方出现了一个社会的意象，因其演化为在历史上唯一类型的灵知真理的代表者，是一个可识别、可理解的单元。遵循亚里士多德的办法，这一分析始于以 12 世纪约阿希姆的符号来进行的社会的自我解释。这些符号的意义既已通过理论性的理解得到澄清，现在可以断定这个文明历程开始的时间了。它正式开始的合理时间是古代灵知主义在公元 9 世纪由于司各脱·爱留根纳而被激活，因为他的作品以及他所翻译的伪狄奥尼索斯的作品，在灵知派于 12 和 13 世纪走上地面以前，持续地影响了地下的灵知派。

这是一个历时千年的漫长历程，长到足以引起对它的没落和终结的反思。由于作为整体进入视野的西方文明正在明显地走向终结，这些对西方社会作为一个文明历程的反思已引起一个困扰西方政治学者的最棘手的问题。大家知道，一方面，从 18 世纪开始，出现了一系列关于西方文明没落的文献，无论人们就这个或那个论证有任何疑虑，都无法否认，主张西方没落论的理论家总的来
129 说是有道理的。另一方面，同一时期如果具有特征的话，那就是在科学、技术、物质环境控制方面，以及在人口、生活水平、健康和舒适、大众教育、社会意识和责任的增长方面的旺盛的扩张力；无论人们对于上述清单上的这项或那项内容抱有什么疑虑，人们也不能否认，进步主义者是有几分道理的。这一解释的冲突，留下了上文暗示的棘手的问题，就是一个文明如何能在前进的同时没落。对这个问题进行一番考虑是必要的，因为看来有可能，对现代灵知主义的分析，至少会为这个问题提供部分的解决。

灵知主义的思辨通过从超越退却，并赋予人以及他在世间范围的行动以末世论的圆满的意义，克服了信仰的不确定性。这种内在化在经验上越是进步，文明活动就越是成为一种自我救赎的神秘主义事业。在基督教中曾经用来致力于生命之圣化的灵魂的精神力量，如今可以被转向更有吸引力、更实际而且最重要的是更容易的地上天堂的创建中。文明的行动开始于成为帕斯卡意义上的娱乐，但这种娱乐，把人的永恒命运魔性地纳入它自身，并取代了精神的生命。当尼采提出为什么任何人都应该生活在渴求上帝的恩典和爱的窘境中这个问题时，他最简练地表达了这种魔性娱乐的本质。他的解决办法是，“出于恩典而爱你自己，然后你就不再需要任何上帝，你可以自己演完关于人类堕落和救赎的全部喜剧”。[①] 这个奇迹——自我救赎的奇迹——是如何实现的，如何通过把恩典给予自身而获得救赎？绝佳的历史答案是由已经塑造了 130
现代文明之面目的连续不断的灵知主义行动给出的。由于使人文主义知识分子获得不朽声誉的文学艺术成就，由于保证清教圣徒得救的纪律和经济成功，由于自由主义者和进步主义者的文明贡献，最后，由于意在建立共产主义或其他灵知主义的千禧年的革命行动，这个奇迹被连续不断地创造出来。因此，灵知主义最有效地释放了人类建设文明的力量，因为正是得救的奖励，使这些力量被狂热地用于世间的活动。历史的结果是惊人的。在这种压力下出现的人力资源，本身就是一个启示，它们被运用于文明事业，产生了蔚为壮观的西方进步社会的景象。无论其表面上的论证或许有

① 尼采：《朝霞》，§79。

多么愚蠢,认为现代文明是一种开拓进取意义上的文明这种广为流传的信念从经验上说是站得住脚的;赋予世间活动以救赎的意义,已使西方崛起,成为现代文明的启示录。

不过,这个启示景象蒙有一层挥之不去的阴影;同辉煌的扩张相伴随的是与进步同时迅速增长的危险。在孔德的灵知主义的内在救赎的观念中,这个危险的性质变得显而易见。鉴于这位实证主义的创始人通过使文明的贡献者及其事迹保存在人类记忆中来保证他们的不朽,他让对文明贡献的奖励制度化了。这种不朽有许多荣誉等级,最高荣誉是功勋卓著的贡献者之被接受为实证主义圣徒流水簿中的成员。但是,在这个事物秩序中,对于那些宁愿
131 追随上帝而不是追随这个新的奥古斯特·孔德的人,他们应得的是什么呢?这种不按照孔德的标准为社会做贡献的谬种,简单来说会被打入社会遗忘的地狱。这个观念值得注意。这里是一个灵知主义的辩护人自封为内在世界的人类的末日审判者,判决每个人是永恒不朽还是湮没无闻。西方物质文明当然还在进步;但是在这架不断上升的文明飞机上,关于贡献、纪念和遗忘的进步主义的符号话语,勾勒出了灵知主义帝国的"忘怀洞"的轮廓,神圣的救赎者会向其受害者的颈上射一粒子弹,然后把他们扔进这些洞里。在灵知主义欣欣向荣的美好时光里,从来没有人掂量过进步的这个结果。弥尔顿释放了亚当和夏娃,抱着"他们内心的乐园",就是比失去了的乐园"远为快乐"的乐园。当他们向前行走时,"世界整个放在他们面前";"想想幸福的结局",他们便更加欢欣。但在历史上,当人怀抱灵知主义的"内心的乐园"向前行走时,当他进入他面前的世界时,想想这个不十分幸福的结局,却不会有什么欢欣。

精神的死亡是进步的代价。当尼采宣布上帝死了,而且上帝是被杀死的,[①]他已道出了西方启示录的这个秘密。灵知主义的这种谋杀,永远是由那些为了文明牺牲上帝的人来实施的。人类越是狂热地把一切精力投注到通过内在世界的行动来获得拯救的伟大事业,致力于这一事业的人离精神的生命就越远。由于精神的生命是人和社会之秩序的源泉,灵知主义文明的成功,恰恰是它没落的原因。132

一个文明确实可以在进步的同时没落——但并非永远如此。这种可疑的进步会趋向一个极限;当一伙代表灵知主义真理的激进主义者把这个文明组建成一个他们统治下的帝国时,这个极限就达到了。极权主义,可界定为灵知主义的激进主义者们的存在上的统治,是进步主义文明的终结形式。133

① 关于尼采书中"上帝之被弑"的段落,这个观念的渊源以及相关的文献争论,参看吕巴克:《无神人文主义的悲剧》,第 40 页及以下诸页。对尼采作品中的这个观念的最全面的考察,参看卡尔·雅斯贝斯(Karl Jaspers):《尼采:其人其说》(*Nietzsche: Einführung in das Verständnis seines Philosophierens*),柏林,1936 年。

五、灵知主义革命:清教案例

1

对灵知主义经验的分析所得出的现代性概念,其含义似乎与这个词的传统含义不相符。西方历史通常以1500年为正式分界,其后为西方社会的现代阶段。然而,如果现代性被界定为灵知主义的生长,这种生长大约早在9世纪就已开始,那么,现代性就是西方社会内部的一个过程,深深地渗透进了中世纪时期。因此,前后相继的分期概念,应该由连续演化的概念来取代,在这个演化过程中,现代灵知主义成功地崛起,压倒了一个源于地中海世界对人类学真理和救赎论真理的发现的文明。这种新的概念本身不过是反映了经验主义史学的当前状况,所以无需进一步证明。然而还有一个问题是,传统的历史分期是否和灵知主义的问题毫不相关;如果一个符号在西方社会的自我解释中被广泛地接受,却与对真理的代表这个根本问题毫无联系,这本身确实就是奇怪的。

事实上,这种联系是存在的。中世纪之后是现代时期,这种概
134 念本身就是灵知主义运动所创造的一个符号。它和第三王国属于同一类符号。15世纪,比昂多把公元410年罗马陷落至1410年

这个千年视为一个已结束的过去时代,自此以降,人文主义者、新教徒、启蒙运动的知识分子相继使用新时代、现代时期这个符号来表达他们作为一套新真理的代表者的意识。然而严格说来,由于在灵知主义者的指引下,世界每隔一段时间就会被革新,所以若是听从他们的主张,绝无可能达致一种经得起批判的合理分期。每一波的灵知主义浪潮,根据它自身的神学符号话语的内在的逻辑,都有充分的理由认为其自身是最伟大的未来浪潮。为什么现代应该始于人文主义而不是宗教改革,或者应该始于启蒙运动而不是马克思主义,没什么道理可讲。因此,这个问题不能在灵知主义的符号话语的层面来解决。为了找到分期的动机,我们必须沉潜至存在上的代表层面。如果在争取存在上的代表权的斗争中,灵知主义的革命决定性地战胜了西方传统的各种势力,那么确实可以划出一个纪元。若是这样来陈述问题的话,传统的分期就变得充满意义。尽管这些运动中没有一个因为其真理的内容而值得优先考虑,然而宗教改革,可理解为西方的制度结构被灵知主义运动成功地渗透,还是划出了西方历史的一个清晰的纪元。此前或被容忍、或被镇压、或在地下的处于社会边缘位置的灵知主义运动,宗教改革时期突然以雷霆万钧之势,在广泛的战线上全面爆发,最终分裂了统一教会,开启了灵知主义对民族国家内的政治制度的逐渐征服。

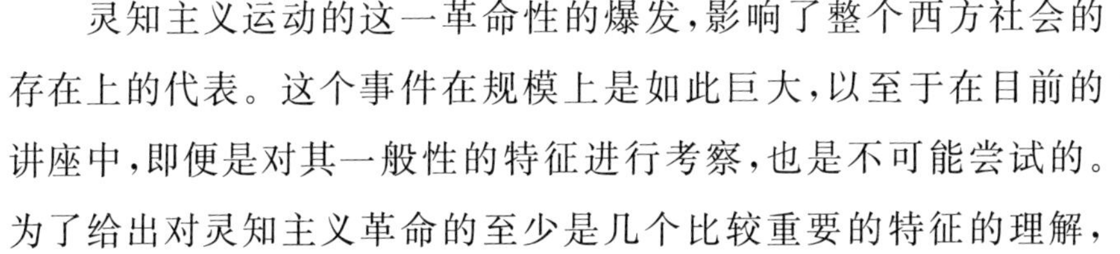

灵知主义运动的这一革命性的爆发,影响了整个西方社会的
存在上的代表。这个事件在规模上是如此巨大,以至于在目前的 135
讲座中,即便是对其一般性的特征进行考察,也是不可能尝试的。为了给出对灵知主义革命的至少是几个比较重要的特征的理解,

最好是集中分析它里面的一个特定的民族区域和一个特定的时段。清教徒对英国公共秩序的影响的某些方面，最适于做一篇简短研究的主题。而且，这一选择本身是不言而喻的，因为16世纪英国具有罕见的好运，在“聪明的胡克”身上，我们可以看到灵知主义运动的一个杰出的观察家。在《论教会政体》的前言里，胡克对于清教徒以及灵知主义大众运动赖以运作的心理机制做了一番敏锐的类型研究。这些篇章是研究灵知主义革命的无价资产；因此，目前的分析要从胡克笔下的清教徒肖像开始说起。

2

为了发动一场运动，一开始必须有一个要干一番“事业”(cause)的人。在胡克的上下文中，“事业”一词似乎是新近才在政治中使用，或许是清教徒发明了这件灵知主义革命的强大武器。为了推进他的“事业”，这个有“事业”的人会当着群众的面，沉溺于对社会邪恶，特别是上层阶级的行为的激烈批判。这种表现的频繁重复会使听众以为，讲话者是异常纯粹、热诚和圣洁的人，因为只有异常善良的人们，才可能这么嫉恶如仇。下一步是把大众的恶意集中对准现政府。这项任务可以通过把由于人性的脆弱而存
136 在于世上的一切错误和腐败都归咎于政府的作为或不作为，在心理上付诸实施。通过像这样把邪恶归咎于一个具体的制度，讲话者向群众证明了自己的明智，群众自己是想不到这种联系的；与此同时，讲话者告诉人们，要想铲除世上的邪恶，应该从何处下手。做了这样的准备以后，推荐一种全新的政体来“从根本上对治一切

邪恶”的时机已成熟,因为“对当前事物心怀不满和厌恶的人们”已陷入极度的癫狂,以至于想象“任何东西(他们听到的被推荐的德性)都会帮助他们;而对他们最有帮助的,他们却极少尝试过”。

如果一个运动,比如清教运动,要依赖文献渊源的权威,那么领导者们必然会“如此这般塑造人们头脑中的观念和想法”,使追随者会自动地把《圣经》的章节和术语同他们的教义联系起来,无论这种联系是如何牵强,而且使追随者会同样自动地对那些与他们的教义相扞格的《圣经》内容视而不见。接下来是巩固灵知主义态度的关键步骤,那就是,“说服那些轻信这种令人愉快的错误,并且对之来者不拒的人相信,他们之所以从《圣经》的言辞里读出那些东西,是由于圣灵的特殊启示,其他人是读不出来的”。他们会经验到自己就是选民;这种经验孕育出“这种人与世界其余部分相分离的严格条件”;因此,结果是人类将被划分成“弟兄”与“俗人”。

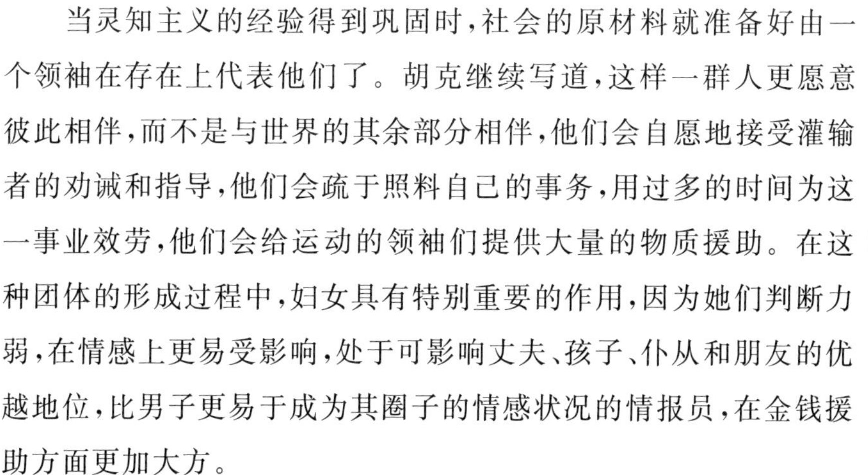

当灵知主义的经验得到巩固时,社会的原材料就准备好由一个领袖在存在上代表他们了。胡克继续写道,这样一群人更愿意彼此相伴,而不是与世界的其余部分相伴,他们会自愿地接受灌输者的劝诫和指导,他们会疏于照料自己的事务,用过多的时间为这一事业效劳,他们会给运动的领袖们提供大量的物质援助。在这 137
种团体的形成过程中,妇女具有特别重要的作用,因为她们判断力弱,在情感上更易受影响,处于可影响丈夫、孩子、仆从和朋友的优越地位,比男子更易于成为其圈子的情感状况的情报员,在金钱援助方面更加大方。

一旦这种社会环境被组织起来,就很难——如果不是不可能的话——通过劝说把它打破。“让任何一个持反对意见的人开口去劝他们，他们会捂住耳朵，他们毫不看重他的理由，回答他的不过是重复约翰的话：‘我们是属神的，认识神的就听从我们。’至于其余的人，你们是属于此世的。此世的浮华和虚荣，正是你们所说的，你们所属的此世会听从你们。”不可能对他们晓以道理，而且他们的回答是训练有素的。你提醒他们说，他们不能就这样的事务作出判断，他们会回答：“上帝拣选愚蒙人。”你令人信服地向他们证明他们在胡说八道，你会听见：“基督本人的使徒曾被当成是疯子。”你试图以最温和的惩罚警告他们，他们会喋喋不休地谴责“嗜血之人的残忍”，自己扮演“为真理而遭受迫害的无辜者”的角色。简言之，这种态度在心理上坚如铁石，不可理喻。①

3

胡克对清教徒的描写，亦可明确地应用于后来的各类灵知主义革命者，所以这一点毋庸赘述。然而，从他的分析中产生了一个值得进一步注意的问题。清教徒的肖像是两方冲突的产物，一方是灵知主义，一方是胡克所代表的古典和基督教传统。这幅肖像
138 是一位十分聪明而博学的思想家画的。因此，争论不可避免地转向如下问题，在近年对清教的研究中这个问题遭到了严重的忽视，就是灵知主义立场的智识缺陷，倾向于摧毁理性话语的体系以及说理的社会功能。胡克十分清楚，清教徒的立场不是基于《圣经》，

---

① 理查德·胡克(Richard Hooker)：《作品集》(*Works*)，约翰·基布尔编，第7版，牛津，1888年。以上概述涉及第1卷，第145—155页。

而是基于一种具有迥然不同的根源的“事业”。如果对《圣经》加以断章取义能支持这个事业,他们就会引用《圣经》,至于其他方面,他们会无动于衷地忽略《圣经》以及基督教15个世纪以来提出的解释传统和规则。在灵知主义革命的早期阶段,这种伪装是必要的,一个公然反基督教的运动不可能在社会上取得成功,灵知主义事实上也没有走得离基督教太远,它的担纲者们清楚地知道他们正在走向何方。尽管如此,灵知主义已然渐行渐远,从而导致这种伪装在有力的批判面前变得尴尬。为了避免这种尴尬,发展出了两种技术策略,时至今日依然是灵知主义革命的最重要的工具。

为了使《圣经》的伪装有效,经文的选取和对所选经文的解释必须予以标准化。若是允许每个人按照自己的偏好和教育水准真正自由地解释《圣经》,必然会导致宗教改革初期所呈现的混乱状态;另外,若是承认不同的解释没有高下之分,就没有理由反对教会的传统,毕竟它也是基于一种《圣经》的解释。在混乱与传统之间的左右为难中,出现了第一个策略,就是用《圣经》的语言系统地提出一套新说,就像加尔文的《基督教原理》那样。这种类型的作品服务于双重的目的,一是作为《圣经》的正确读法的导读,一是提出一套可靠的真理,使得参考以前的文献变得毫无必要。指称这个类别的灵知主义文献需要一个专业术语;由于对灵知主义现象的研究为时尚短,这种术语尚未有人提出,我们暂时就用阿拉伯语中的“古兰”(*koran*,以下意译为“宝书”)。因此,加尔文的这部作 139
品或许可称为第一部刻意创作的灵知主义宝书。一个人能够写出这样一部宝书,一个人能够与人类的知识传统决裂——因为他在生命中深信,一个新的真理和一个新的世界会因他而开始——必

然是处于一种罕见的精神病态。对传统有极为清醒意识的胡克，对这种心灵的扭曲是非常敏感的。在他对加尔文的谨慎克制的描述里，他以这样一句冷静的话作为开篇："他的教养在于对民约法的研究"；然后他带有某种恶意地写道："他所积累的神学知识，不是通过多听和多读而得，而是通过教授别人而得"；他以这句毁灭性的话作为结束："尽管成千上万的人受惠于他，得以接触那一类知识，但他却除了上帝之外，不受惠于任何人，只受惠于那个造福人间的源泉，生命之书的作者，令人钦佩的机敏智慧的创造者。"①

加尔文的作品是宝书类的第一本，却不是最后一本。另外，宝书类作品有一个萌芽期。在西方灵知主义宗派意识的早期阶段，宝书的位置是由司各脱·爱留根纳和伪狄奥尼索斯的作品占据的；在约阿希姆运动中，菲奥雷的约阿希姆的题为《永恒福音》的作品扮演了这个角色。在后来的西方历史中，在世俗化时期，每一波运动都产生出了新的宝书。在18世纪，狄德罗和达朗贝尔
140 (D'Alembert)主张《法兰西百科全书》的宝书功能，认为它是对一切值得保存的人类知识的全面陈述。根据他们的概念，以后没有人会使用《百科全书》之前的任何作品，而未来的一切科学都会呈现为对这一伟大的知识集成的补充。② 在19世纪，奥古斯特·孔德创作了他自己的作品作为实证主义的人类未来的宝书，不过他又慷慨地列出一百种伟大的书作为它的补充——这个想法至今仍

---

① 理查德·胡克：《作品集》，第127页及以下诸页。

② 达朗贝尔：《百科全书卷首语》(*Discours préliminaire de l'Encyclopédie*)，皮卡韦(F. Picavet)编，巴黎，1894年，第139—140页。

有吸引力。最后,在共产主义运动中,卡尔·马克思的作品已成为信徒的宝书,列宁主义—斯大林主义的经典文献是它的补充。

避免尴尬批评的第二个策略,是对第一个策略的一个必要的补充。灵知主义宝书是对真理的经典编纂,其本身就是信徒的精神和智识的养料。经历了当代的极权主义运动之后,众所周知这个策略是相当简单巧妙的,因为它能够顾及追随者的自愿审查;一个运动的信徒成员不会去触碰那些会反对或不敬重他所珍视的信仰的文献。尽管如此,如果灵知主义运动的真理总是面临多方面的有效批评,那么信众的数量或许就会始终很少,扩张和政治上的成功就会遭受严重的阻碍。这种障碍可以通过对批判工具打上禁忌而被减少和部分地消灭;一个使用被禁止的工具的人,会遭到社会的封杀,而且可能面临政治污蔑。打在批判工具上的禁忌,在灵知主义运动取得相当的政治成功的任何地方,实际上都会被灵知主义运动使用,而且有极好的效果。具体而言,宗教改革以后,禁忌落到了古典哲学和经院神学上;由于西方学术文化的主要部分、141
当然也是关键性的部分,是在这两个名目下发展出来的,因此这个禁忌越是起作用,这个文化就被毁坏得越厉害。实际上,这种破坏是非常深重的,西方世界从来没有从这一打击中彻底恢复元气。胡克生平中的一个偶然事件就证明了这个状况。1599 年,一个匿名作者在致胡克的《基督徒的信》中激烈地抱怨说:“在你所有的书中,尽管我们发现了大胆处理的许多真理和精彩之处,然而在你的一切论述中,哲学家(以及其他形形色色的人文作家)的宗主亚里士多德和天真的经院哲学家们,几乎在所有地方都有影响:高举理

性反对《圣经》，强调阅读反对祈祷。”[①]这种对于违反禁忌的抱怨，绝非无伤大雅的意见表达。在1585年与特拉弗斯的争吵中，胡克已成为同样的指控的靶子；这些指控以恐吓性的语调总结说，这些“荒谬的言论……自从玛丽女王时代以来在这片土地上就没有在公共场合听到过了”。在写给坎特伯雷大主教的回信中，胡克十分抱歉地说，当他在讲道中信马由缰，沉溺于一些理论上的区分时，他希望他“没有做什么不法之事”。[②]

由于灵知主义端赖于上一讲所讨论的理论谬误，打在古典意义上的理论的禁忌是它的社会扩张和生存的不可避免的条件。在灵知主义已取得巨大的影响，足以控制沟通手段和教育机构的社会中，这对于公共辩论的可能性会造成一个严重的后果。这种控制越是有效，有关人之存在的真理问题的理论争辩就越不可能公开地进行，因为使用理论性的论据是被禁止的。无论宪法上的言

142 论和出版自由被保护得多么好，无论在学者的小圈子里理论争辩是多么热火朝天，无论它在一小撮学者的实际上是私人性的出版物里进行得多么有声有色，在政治上相干的公共领域中的争论，本质上将是它在当代的进步主义社会中已成为的那种暗中搞鬼的游戏——更不用说在极权主义帝国里争论的质量了。理论争辩可以通过宪法的保证而受保护，但只有愿意使用和接受理论性的论据，它才能得以确立。如果这种意愿不存在，一个社会在涉及人之存在的真理的问题上，就不能依靠讲道理和劝说而发挥作用，必须考

① 胡克：《作品集》，第1卷，第373页。

② 同前，第3卷，第585页及以下诸页。

虑其他的手段。

这就是胡克的立场。与他的清教徒对手争论是不可能的，因为他们不讲道理。在这一困境里他所抱有的想法，或许可以从他去世前在上述《基督徒的信》的一份副本上草就的笔记中看到。他征引了各种权威的论述，有一段话来自阿威罗伊：

> 不允许讨论上帝因其荣耀而拥有的关于他自己和世界的知识。更不允许把它付诸笔端。因为，俗人大众的理解力达不到这种深度；当它开始成为他们讨论的话题，神性就会因他们而遭到破坏。所以要禁止他们讨论这种知识；只要他们懂得他们的智力能够知道的东西，对于他们的幸福来说就足够了。律法书（即宝书），其主要目的在于教化俗人大众，不因为这个题目是人所不易理解的，就不去明白易懂地交流它；但是我们并不拥有这样的人类工具，能透彻地理解上帝，从而明白易懂地交流关于他的知识。正如经上说：“他左手立了地的根基，他右手铺张诸天。”所以，这个问题被留给了圣贤，就是上帝使其献身于真理的人。[①] 143

在这段话中，阿威罗伊表达了理论争辩问题已在伊斯兰文明中找到了解决方案。真理的内核是人类学和救赎论意义上的对超越的经验；它的理论阐释只有在“圣贤”中才是可交流的。俗人大众必

① 这段话的拉丁语文本，胡克：《作品集》，第1卷，第119页。

须在简单的原教旨主义的层面上接受真理；他们必须避免进行理论化，这是他们在经验上和智识上都不适合干的事，因为他们只会毁了上帝。鉴于当进步主义的“俗人大众”染指人在历史和社会中的存在的意义时，西方社会犯下了“谋杀上帝”的罪行，人们必须承认，阿威罗伊是有道理的。

然而，一个文明的结构不在于其个体成员的性情。伊斯兰教的解决方案，就是把哲学争论局限于民众毫不知情的许多秘密团体，却不能移用于胡克的处境。西方历史已走上了一条不同的道路，“俗人大众”的争论正如火如荼地进行。因此，胡克不得不考虑第二种可能性，一种争论不能通过说服来达成最终的一致，那么可以通过政府的权威来终止。他的清教徒对手不是一场理论争辩的参与者；他们是灵知主义革命者，致力于一场争取存在上的代表权的斗争，这场斗争会导致英格兰社会秩序的颠覆，清教徒对各大学的控制，以及以宗教法取代普通法。所以他对这第二种解决办法的考虑是自然而然的。胡克非常明白，灵知主义的宣传是政治行动，而不是对理论意义上的真理的探索，这一点现在很少有人明白了。凭借准确无误的敏锐，他甚至诊断出清教信仰中的灵知主义
144 的虚无成分，就是他们的诫律是“听从全能上帝的绝对命令，人们必须接受，尽管接受它会让世界天翻地覆；这就让一切人都处于极大的危险”。[①] 在他那个时代的政治文化中，仍旧毫无疑问的是，政府而非臣民代表着社会的秩序。“仿佛当全体人的公共同意已确立了某件事时，那里每个人的判断就不是私人的，无论他的天职

① 胡克：《作品集》，第182页。

是什么公共责任。所以除非每个社会或政治体的可能的声音胜过同一团体内部一切具有类似本质的私人的声音,和平安宁就绝无可能。”[①]这实际上意味着,一个政府有责任维护秩序以及它所代表的真理;如果有一个灵知主义的领袖出来宣称,上帝或进步、种族或辩证法已授命他作存在上的统治者,一个政府不应该辜负人民对它的信任,放弃它的责任。这个法则对于在民主宪法和权利法案之下运转的政府而言也不例外。杰克逊大法官在他关于泰尔米涅洛案的异议中指出:权利法案不是自杀公约。一个民主政府不应该容许灵知主义运动在一种对于公民权利的含糊解释的庇护下迅猛发展,从而把它推翻;如果由于疏忽之故,这样一个运动已到了凭借大众选举的“合法性”而取得存在上的代表权的危险地步,那么一个民主政府不应该屈从于“民意”,而是应该以武力消除危险,在必要时不惜违背宪法的条文以维护宪法的精神。

4

胡克就说到这里,现在要听听另一方的意见。需要考虑的第 145
一点是灵知主义革命者的独特经验。与通常把清教视为一种基督教运动相反,必须坚持一个事实,《新约》里没有任何一段话,从中能够提炼出主张革命的政治行动的建议;即使是圣约翰的《启示录》,尽管燃烧着对于那个会把圣徒们从此世的压迫中拯救出来的王国的末世论期待,也没有把该王国的缔造交付清教徒的军队之

① 胡克:《作品集》,第171页。

手。然而，灵知主义革命者却把该王国的来临解释为一个需要他的军事合作的事件。在《启示录》第二十章，一位天使从天而降，把撒旦扔在无底坑，捆绑一千年；在清教革命中，灵知主义者们为自己僭取了这一天使的职能。一本1641年的题为《锡安荣耀泛览》(*A Glimpse of Sion's Glory*)的小册子，里面的几段话就表达了灵知主义革命的这种情绪。

小册子的作者深受末世论期待的鼓舞。[①] 巴比伦的陷落近在眼前，新耶路撒冷即将来临。“巴比伦的陷落，就是锡安的兴起。巴比伦的毁灭，就是耶路撒冷的得救。”尽管上帝是这个即将来临的幸福变化的最终原因，但是为了加速这一变化的来临，人们也应该投身于某种值得赞扬的行动中。“向巴比伦的坏蛋们投石块的人有福了。以手中无论任何东西把巴比伦推倒的人有福了。”用石块投向巴比伦的坏蛋以加速锡安之来临的人是谁？他们是“普通人民”。“上帝要把普通人民用于显示他儿子的王国这件伟大的事中。”普通人民在推进基督的王国这件事上占有一种特权地位。因为基督的声音“最早来自群众，来自普通的人民。在听到其他人的
146 声音以前，首先听到的是来自他们的声音。上帝用普通的人民和群众，显示全能的主上帝统治”。基督没有来到上层阶级中，而是来到穷人中。贵族、智者和富人，特别是高级教士，已被敌基督的邪灵附体，所以基督的声音“开始于群众，那些非常卑贱的人”；开

① 《锡安荣耀泛览》被认为是汉谢尔德·诺利斯(Hanserd Knollys)的作品，收入《清教与自由》(*Puritanism and Liberty*)，伍德豪斯(A. S. P. Woodhouse)编，伦敦，1938年，第233—241页。

始于“俗人大众”。在过去“上帝的人民曾饱受蔑视,现在依然受蔑视”。圣徒们被称为宗派分子、分裂者和清教徒,是国家的乱臣贼子。然而,这个污名必须从他们身上除去;统治者们将在他们的内心深信“耶路撒冷的居民,也就是聚在一个教会里的上帝的圣徒们,是国家的最优秀的人”。统治者们的这个信念会由于社会关系的急剧变化而加强。这位作者征引《以赛亚书》49:23:“列王必作你的养父;王后必作你的乳母。他们必将脸伏地,向你下拜,并舔你脚上的尘土。”另外,圣徒们在新的王国里将受到颂扬,他们“都要穿上白色的细麻,这是圣徒的公义”。

除了圣徒们的服饰改革以及统治者们的奉承以外,还需要有法律和经济制度结构的深刻变革。在法律制度方面,该王国的善美和荣耀,很有可能使法律强制变得毫无必要:“是否需要法令,或者至少是否需要今天这样的法令,是大有疑问的……基督在那里的在场,会取代种种法令。”在经济条件方面,将是极大丰富和繁荣。整个世界是基督为圣徒们换来的,也要交给他们。“使徒说,整个世界都是你们的”;作者非常坦率地道出了他的信念的动机: 147
“你们知道,圣徒们今天在世上几乎一无所有;他们今天是一切人中最贫穷和最卑贱的;但以后……世界将是他们的……不仅天堂将是你们的王国,这个世界也将完全是。”

这一切同基督教毫不相干。《圣经》的掩护无法掩饰把上帝拽入人之举。圣徒乃是灵知主义者,他不会把改造世界这件事交给超越历史的上帝的恩典,而是要自己来做上帝的工作,在此时此地、在历史中做。毫无疑问,小册子的作者知道,不是凡人的力量将建立这个王国,而是人的努力将取代上帝的行动。全能的上帝

会眷顾圣徒们,“会通过那力量做这些事情,借此他能够把一切都纳入他的控制之下。群山将被削平,他将越过群山和重重困难。什么都无法阻止他”。而在这个越过群山而来的上帝那里,我们看到了越过正题和反题而来、最后将其信徒放置于共产主义合题之平地上的历史辩证法。

需要考虑的第二点是革命者在通过他们的努力刷新旧世界以后组织社会的方案。一般而言,灵知主义者在这方面不是十分明确。改造过的新世界是不会有旧世界的种种邪恶的;所以,灵知主义者的叙述通常陷于对当前的冤屈和压迫的否定。锡安的荣耀“泛览”是灵知主义叙述的一个类别,而不是一本不经意的小册子的标题。“泛览”往往会透露出一种繁荣富足的状态,工作极清闲,废除了政府的强制;作为一种相当喜闻乐见的娱乐活动,大概会有对原来的上层阶级成员的虐待。除了这些泛览以外,叙述通常就渐次结
148 束了;灵知主义革命家中比较优秀的思想家,比如马克思和恩格斯,为他们的默而不宣辩解说,我们无法过多地谈论一个改造后的社会的制度,因为对于人性被改造之后的社会关系,我们并没有直接的经验。幸运的是,现存有一份关于新世界之组织的清教文献,是以一群第五王国的武士向领主费尔法克斯的《问询》的形式写的。[①]

《问询》写于1649年,彼时革命正在进行得如火如荼;已进入相当于俄国革命中列宁写《怎么办?》的那个阶段。有一组问答以一种相同的方式措辞:“那么圣徒和上帝的人民的当前利益是什么

① 《基督教人民提出的一些问询》(*Certain Queries Presented by Many Christian People*,1649),同前,第241—247页。

呢?"回复建议说,圣徒们应当以公会制的方式联合为教会组织和团体;当这些公会已充分发展时,它们就应当以长老制的方式组合成全体大会或教会巴力门。"然后,上帝要授予他们权柄,统治世上的各民族和王国。"由于这是一个属灵的王国,所以不能靠"人的力量和威势"来建立。圣灵本身会召唤和聚集一个人民,"把他们组成为数不多的几个家庭、教会和团体";只有这些属灵的核心组织已充分地增长,它们才应该通过"基督的这些官员以及它们选出和委派的教会代表"的会议统治世界。这听起来都是相当无害的、和谐的;如果圣灵要耗费大量时间为这个新世界赋予生命,可能发生的最糟糕的事情就是某种幻灭。

实际上事情绝非那么无害。圣徒们把《问询》呈给新模范军总司令以及"军事大会"(General Council of War)。在这种情况下,上帝要授予圣徒们"权柄,统治世上的各民族和王国",这个提法听起来就是一种令人胆战心惊的音符。人们会问:圣徒们要统治的这些世上的民族和王国是谁?它们是旧世界的诸民族和王国吗?但若是那样,我们就还没有进入新世界。当我们身处新世界时,圣徒们除了能统治自己外,还能统治谁?抑或还剩下一些邪恶的旧世界民族,圣徒们可以轻而易举地欺凌它们,以便给他们的新的统治地位增添滋味?一言以蔽之,即将到来的事情看起来很像后来的灵知主义者称为无产阶级专政的东西。

这一疑虑可以被更多的细节坐实。《问询》区分了"基督的官员"(officers of Christ)与"基督徒长官"(Christian magistrates)。圣灵的统治将推翻一切世俗的统治,包括基督徒的长官在英格兰的统治。这个区分最好地证明了在清教革命中,两种真理实际上

在争夺存在上的代表权。《问询》给两种真理都赋予基督教的名义，但两种真理却有天壤之别，分别代表黑暗世界与光明世界。清教的胜利或许会维持原有的世界结构，包括英格兰的议会制度，但是赋予生命的圣灵却要彻底改变。这种彻底的改变将在政治上体现为彻底地改变统治的人事安排。请愿者令人信服地问道："想想看，对于议会、官员等而言，作为基督的官员和各教会的代表行使统治权，而不是作为一个世俗王国的官员、一群完全是自然的和世俗的人民的代表行使统治权，岂不是更加光荣？"成为英格兰人民在议会中的基督徒代表还不够，因为这个人民本身属于自然秩序
150 和旧世界；议会成员必须代表圣徒们以及圣灵自身所建立的那个新王国的团体。所以旧有的政治统治集团必须被消灭；单纯自然和世俗的人们，根本没有对于丝毫的外在福祉的神圣权利，对于统治和政府又有什么权利呢？甚至更直言不讳地说："如果不敬神者是选举人而且当选上台执政，王国怎么可能是圣徒们的呢？"他们的态度是不妥协的。如果我们想要一个新天地，"那么对旧有的世俗政府进行修修补补怎么可能是合法的呢"？唯一正义的事业就是要对敬虔之人的敌人永远镇压。

毋庸详细解释。只要对语言稍作现代处理，就足以道出这些建议的意蕴。历史上的人类秩序被一个不属于"这个世界"的运动的兴起所打破。社会的邪恶不能通过立法来革除，统治机器的缺点不能通过政体变革来弥补，意见的分歧不能通过妥协来解决。"这个世界"黑暗，必须让位给新的光明。因此，联合政府是绝无可能的。旧秩序中的政治人物在新世界中不能当选；不是运动之成员的人们要被剥夺在新秩序中的投票权。这一切变化实际上都是

通过“圣灵”达成的,或者是像今天的灵知主义者所说的,是通过历史辩证法达成的;但在政治程序方面,这些圣徒同志会插上一手,一只武装得很好的手。如果旧秩序的人员没有微笑着消失,这些敬虔之人的敌人将被镇压,用今天的话来说就是将被清洗。在《问询》中新世界的实现已达到这样的阶段,在俄国革命的这个阶段中,列宁在轻佻的标题下写下了他的思考:“布尔什维克能保持国家政权吗?”实际上他们要保持;而且没人能同他们分享。

这个新王国在本质上将是共同的,它宣称的统治权也是共同 151
的;它要“共同地扩张到一切人和事物”。灵知主义者的革命,目标在于垄断存在上的代表权。圣徒们可以预见,他们宣称的共同主义,若不进行一场斗争,是不会被黑暗世界接受的,黑暗世界只会产生一个反对他们的同样共同性的世界同盟。所以圣徒们必须联合起来反对世界上的“敌基督者的势力”;敌基督者的势力也会“联合起来共同反对他们”。因此,两个本该在时间上前后相继的世界,在历史现实中却变成两个陷入一场殊死斗争的共同性的武装阵营。从灵知主义者关于两个世界的神秘论中,出现了后来主宰了20世纪的世界战争的模式。灵知主义革命者的共同主义导致反对他们的共同性同盟。当代战争的真正危险不在于技术上决定了战争舞台是全球范围的;真正致命的地方来自于当代战争是灵知主义的战争,也就是说,是两个倾向于相互毁灭的世界之间的战争。

为了证明灵知主义革命之性质和方向而对材料做了取舍,似乎有失公允。一个批评家或许可以反对说,清教作为一个整体不能等同于其左翼。如果我们是想对清教作一番历史叙述,这种批评是有道理的。不过,当前的分析,关心的是灵知主义的经验和观

念的结构；而在受人尊敬的加尔文的《基督教原理》或长老会的传统主义中，也可以看到这个结构。每一波运动中从右到左的摆动，当几个民族区域爆发尖锐冲突时两翼之间的斗争，以及对一个可
152 变秩序的暂时性的固化，是这些讲座的最后一部分要进一步关注的灵知主义革命的现象。然而，这些现象，革命的种种机制，却并不影响它的性质；其性质确实可以通过其极端的表达来予以最好的研究；在其极端的表达中，其性质并没有为因迫切需要政治上的成功而作出的妥协所遮蔽。此外，这不仅是出于方便的考虑，而是方法上的一个必要之举。灵知主义有其目的，就是改变人的本性，建立一个改造过的社会。由于这个计划不能在历史现实中实现，灵知主义革命家势必把他们在存在上的斗争中通过与现实妥协而取得的部分的成功或全部的成功予以制度化，无论这种妥协中会出现什么，都不是灵知主义符号话语中所设想的改造了的世界。是故，如果理论家在其临时性的固化政治策略或已包含着妥协的温和方案这个层面上研究灵知主义革命，就永远不能看清灵知主义这一西方革命之驱动力的本质。把妥协当成本质，丰富多彩的灵知主义现象的本质统一性就会消失。

5

英国革命清楚地表明，灵知主义致力于争取存在上的代表权的斗争有可能摧毁一个大国的巩固秩序，如果说法国的八年内战、德国的三十年战争以后还需要这样的证据的话。公共秩序的问题早该得到理论性的重述了，而在托马斯·霍布斯（Thomas

Hobbes)那里，这项任务找到了一个与之相配的思想家。霍布斯
在《利维坦》(*Leviathan*)中提出的新的代表理论固然具有令人印
象深刻的连贯性，却以一种简单化为代价，本身就属于灵知主义错
误的一部分。不过，如果是一个激愤而严酷的思想家作简单化，他 153
仍然给问题带来了新的明晰性。简单化可以被弥补，而新的明晰
性将是一个永久的收获。

霍布斯的代表理论直接切中了这一尴尬处境的核心。一方面，存在着一个政治社会，想要在历史存在中维持其既定的秩序；另一方面，在这个社会内部有许多私的个人，他们想以新真理的名义改变公共秩序，必要时不惜诉诸暴力。霍布斯解决这个冲突的方式是断言：在一个社会中除了和平与和谐的法律之外，并不存在公共的真理；任何容易导致混乱失序的意见和学说都是错谬的。[①]为了证明他的断言，霍布斯使用了如下论证：

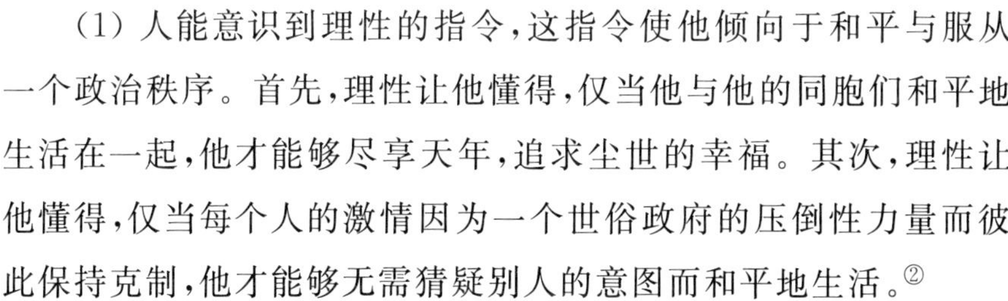

(1) 人能意识到理性的指令，这指令使他倾向于和平与服从一个政治秩序。首先，理性让他懂得，仅当他与他的同胞们和平地生活在一起，他才能够尽享天年，追求尘世的幸福。其次，理性让他懂得，仅当每个人的激情因为一个世俗政府的压倒性力量而彼此保持克制，他才能够无需猜疑别人的意图而和平地生活。[②]

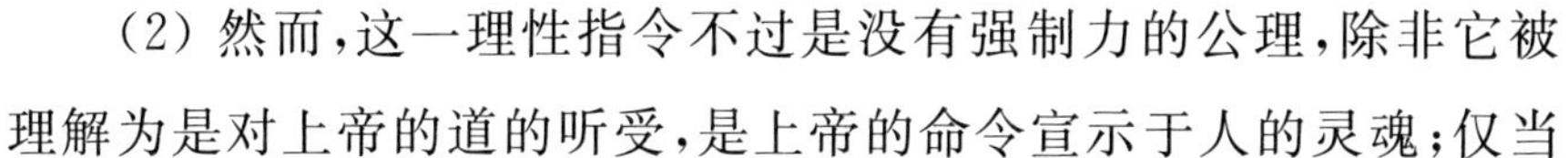

(2) 然而，这一理性指令不过是没有强制力的公理，除非它被理解为是对上帝的道的听受，是上帝的命令宣示于人的灵魂；仅当

① 托马斯·霍布斯：《利维坦》，迈克尔·奥克肖特(Michael Oakeshott)编，牛津：布莱克韦尔，1946年，第18章，第116页。

② 同前，第14章。

理性的指令被认为是神的命令，它才是一套自然法。[①]

（3）最后，这套自然法，在内心倾向于和平的人们遵循其诫
154 条、在一个公共的代表亦即主权者下组成一个政治社会以前，实际上并非主宰人之存在的法律。仅当他们已经立约服从一个共同的主权者，自然法才实际上变成一个在历史存在中的社会的法律。[②]因此，“自然法和国法彼此包含而范围相同”。[③]

这样，存在上的和超越的代表，在一个社会连属为有秩序的存在时就合而为一了。通过在一个代表之下联合成一个政治社会，立约成员在人的领域中实现了神的存在秩序。[④]

如今，在这个多少有点空虚的政治社会容器中，霍布斯注入了西方基督教文明的内容，让它穿过主权代表者许可的瓶颈。这个社会很有可能是一个基督教国家，因为《圣经》中所启示的上帝的道，与自然法毫无二致。[⑤] 不过，可接受的《圣经》正典，[⑥]加诸《圣经》正典的学说性的和仪式性的诠释，[⑦]以及教会组织的形式，[⑧]要从作为国法的主权者的授权那里获得其权威，而不是从启示中获得其权威。关于人在社会中存在的真理，绝无争论的自由；意见和学说的公共表达，必须置于政府的法规和持续审查之下。“因为人

---

① 托马斯·霍布斯:《利维坦》，第 15 章，第 104 页及以下诸页；同前，第 31 章，第 233 页及以下诸页。

② 同前，第 15 章，第 94 页。

③ 同前，第 26 章，第 174 页。

④ 同前，第 31 章，第 233 页。

⑤ 同前，第 32 章，第 242 页。

⑥ 同前，第 33 章，第 246 页及以下诸页。

⑦ 同前，第 33 章，第 254 页及以下诸页。

⑧ 同前，第 42 章，第 355—356 页。

们的行动来自意见,为了他们的和平和协调起见,良好地管理人们的意见就是良好地管理人们的行为。”[①]因此,主权者必须决断,准许谁公开地对听众讲话,讲什么话题,以什么倾向;此外,有必要对书籍作预防性的审查。另外,公民有自由从事和平的、文明的事 155
业,因为这正是人们组成公民社会的目的。[②]

评判霍布斯的代表理论时,必须避开流行的政治口号已设下的陷阱。以自由与权威的天平来衡量这个理论,会一无所获。把霍布斯归类为一个绝对主义者或法西斯主义者,会一无所获。一个批判性的解释必须遵循霍布斯本人在其作品中揭示的理论意图。这些意图可以从以下这段话中推断出来:

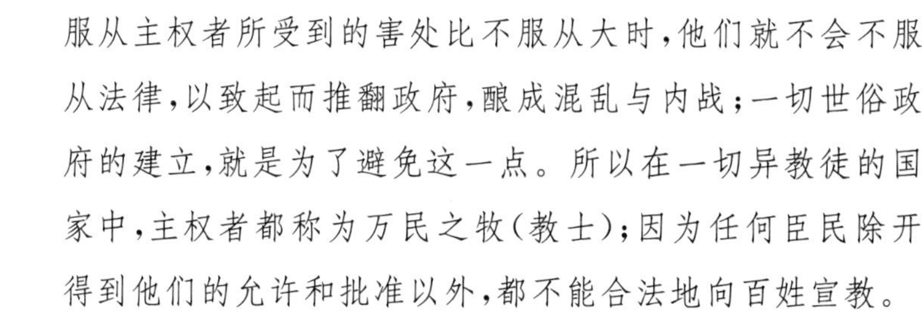

> 因为即使是最平庸的人也能看出,人们行动的根源,是他们对于这些行动究竟将为自己带来什么样的好坏结果所抱有的看法;所以人们一旦具有一种看法,认为自己服从主权者所受到的害处比不服从大时,他们就不会不服从法律,以致起而推翻政府,酿成混乱与内战;一切世俗政府的建立,就是为了避免这一点。所以在一切异教徒的国家中,主权者都称为万民之牧(教士);因为任何臣民除开得到他们的允许和批准以外,都不能合法地向百姓宣教。

霍布斯接着说,剥夺主权者“安内攘外所必需的权力”不可能是基

① 托马斯·霍布斯:《利维坦》,第18章,第116页及以下诸页。

② 同前,第21章,第138页及以下诸页。

督教的目的。[①]

这段话表明,霍布斯的意图是要把基督教(他认为基督教本质上等同于自然法)确立为瓦罗意义上的公民神学。乍听起来,这个意图或许有点自相矛盾。基督教的超自然神学如何能被确立为一种公民神学呢?在进行这种奇怪的尝试时,霍布斯挑明了一个问
156 题,这个问题在我们对罗马帝国的诸种神学以及它们冲突的分析中并未道出。大家还记得,圣安布罗斯和圣奥古斯丁奇怪地漠视一个事实,就是一个基督徒在皇帝的位子上,在他们的引导下,会以异教皇帝以前对待基督教徒的方式对待异教徒。他们把基督教理解为一种优于多神教的关于灵魂的真理,却没有认识到罗马的多神象征着罗马社会的真理;正如塞尔苏斯早已发现,随着基督教的兴起,一个文化被毁灭了;基督教在存在上的胜利,并不是让个体的人类皈依一个更高的真理,而是把一种全新的公民神学有力地强加于一个社会。在霍布斯的案例中,情况正好相反。霍布斯认为,基督教实质上等同于理性的指令,基督教的权威来自政府的许可,像这样探讨基督教时,正如教父们对罗马多神教作为一种社会真理的意义奇怪地漠不关心一样,他自己也表现得对基督教作为一种灵魂真理的意义奇怪地漠不关心。为了透彻地了解这些怪异之处,必须重新考虑灵魂敞开这一纪元性事件,而且补充一个理论性的区分。

灵魂的敞开是人类历史上的纪元性事件,因为随着灵魂分殊化为超越之中枢,关于人在社会中的存在之解释的批判性的、理论

① 托马斯·霍布斯:《利维坦》,第42章,第355页及以下诸页。

性的标准以及这些标准的权威来源就出现了。当灵魂向超越的实在敞开时,它会发现一个在等级上高于现有社会秩序的秩序之本源,以及一个与社会通过自我解释的符号话语已达到的真理处于批判的对立面的真理。此外,作为开放灵魂之尺度的唯一上帝的观念,有唯一人类共同体的观念作为其逻辑的关联项,这个共同体超越了公民社会、凭借一切人参与共同的尺度而达致,这个共同的尺度可理解为亚里士多德的努斯(*nous*),斯多葛派的或基督教的 157
道(*logos*)。这些发现的影响在很大程度上遮蔽了如下事实:实在之结构的新的明晰并没有改变这个结构本身。灵魂的敞开,通过它的从经验的简密性进到分殊化,从视野的暗弱进到明晰,确实标志着一个纪元;但是一个社会真理与一个灵魂真理之间的紧张在这个纪元之前就已存在,对超越的新的理解可能会增强对于这一紧张的意识,却不会把它从存在的结构中剔除。例如,一个共同的上帝的观念,由于神秘主义的哲学家而获得其特有的纯度;但它的存在,潜藏于简密的宇宙论神话中,约公元前 3000 年以来的埃及铭文可以作证;自此以降,甚至在这个早期阶段,在关于诸神之等级和功能的论争性的和批判性的思辨过程中都可以看到这个观念,那里想必早已有思辨的思想家所理解的真理与已获得接受的神话的真理之间的紧张。① 另一方面,斯多葛派对于世界城邦的

① 威廉姆·F. 奥尔布赖特(William F. Albright):《从石器时代到基督教:一神教与历史的进程》(*From the Stone Age to Christianity: Monotheism and the Historical Process*),巴尔的摩,1946 年,第 132 页及以下诸页;赫尔曼·容克(Hermann Junker):《金字塔时代:古代埃及宗教的本质》(*Pyramidenzeit: Das Wesen der altägyptischen Religion*),苏黎世,1949 年,第 18 页及以下诸页。

理解，就是人们凭借他们对逻各斯的参与而所属的世界城邦，并没有抛弃人在有限历史社会中的存在。因此，我们必须区分作为在经验分殊化过程中的一个纪元的灵魂敞开与始终不变的实在之结构。

就目前的问题而言，随这一区分而来的是，一个分殊化的灵魂真理与社会真理之间的紧张不能通过拒绝一者或另一者而被消除。自然社会中的人之存在，在趋向一个超自然的命运之前，依然是它之所是。信仰是对人的超自然完美的期待；而不是这一完美
158 本身。上帝的王国不属于这个世界；上帝之城在历史上的代表亦即教会，并非公民社会的替代物。纪元性的分殊化的结果，不是封闭社会被开放社会所取代——如果我们能使用柏格森的术语——而是与经验的分殊化相应的一套复杂的符号话语。两种真理从此以后同时并存；二者的紧张，在不同程度的意识中，将是文明的一种持久性的结构。这一见识，柏拉图早已获得了；它反映在从《理想国》到《法律篇》的演进中。在《理想国》中，柏拉图建构了一个在神秘哲学家们的直接统治下、体现灵魂真理的城邦；这是一种尝试，要使灵魂的秩序成为社会秩序，从而消解紧张。在《法律篇》中，他抛弃了灵魂真理，把它置于它在《理想国》中启示的远方；《法律篇》的城邦依赖于摹仿宇宙秩序的制度，而灵魂真理被官员们代代相传，他们是把它作为教条来接受的。柏拉图本人，就是理想国的潜在的哲学家国王，变成了法律城邦的雅典客人，他协助设计制度，使之既尽可能多地体现精神，又与社会的连续的自然存在相协调。

当历史环境迫使基督教的教父们就同一个问题作出回应时，

他们并没有展示出柏拉图的敏锐。他们显然不知道,基督教虽能取代多神教,却不能消除人们对公民神学的需要。当灵魂的真理已盛行于世,一个真空也随之而来,柏拉图曾试图通过把城邦建造成一个宇宙的摹本来填补它。无论何处,只要是基督教消解了封闭社会的作为一种活的力量的前基督教真理,填补这个真空就成为一个重大问题;因此,无论何处,只要是教会在政治统治者的卧榻之侧取得了存在上的代表权,那么教会除了代表人的超自然的命运以外,还必须为社会秩序提供超越的正当性。一个伟大的解 159
决方案是拜占庭的凯撒教皇主义,其倾向是要把教会转变为一套政治制度。同这个倾向背道而驰,5 世纪末杰拉斯撰写的书信和小册子,提出了另一个伟大的解决方案,亦即两种平衡的权力的方案。鉴于文明扩张和巩固的事业为教会组织和政治组织提供了同等的助力,这个平衡一直在西方发挥作用。但是,一旦达到一定的文明饱和度,两种真理之间的紧张就开始变得显著了。克吕尼改革以后,当教会重申它的精神本体并试图使自身摆脱政治的羁绊时,结果就导致了教职权之争。另一方面,当灵知主义宗派运动在 12 世纪获得动力时,教会就通过宗教裁判所与世俗权力合作镇压异端;教会强烈地倾向于它作为公民神学的代理人的功能,从而背离了它之作为历史中的上帝之城的代表者的本质。最后,当多个分裂的教会和灵知主义运动为了存在上的代表权而陷入暴力竞争时,这个紧张就到达了极限。这个真空如今在宗教性的英国内战中开始变得显而易见。

霍布斯看到,没有一套超越争议之上的公民神学,公共秩序就是不可能之数;对于这一点的澄清,是《利维坦》的一个伟大而永久的成就。当他试图通过把基督教确立为英国的公民神学从而填补这个真空时，他就不是那么幸运了。他抱有这个想法，因为他以为只要是予以恰当的解释，那么基督教就等同于《利维坦》前两部分
160 所提出的社会真理。他并不认为存在着灵魂真理与社会真理之间的紧张；在霍布斯看来，《圣经》的内容与他的真理在本质上是一致的。在这个假设的基础上，他自欺欺人地以为，通过把他的专业建议提供给任何愿意采纳的主权者，就可以解决一个世界历史范围的危机。他说："这样一来我又恢复了一些希望，认为我这本书终有一日会落到一个主权者手里；由于它很短，而且在我看来也很清楚，所以他便会亲自加以研究，而不会叫任何有利害关系或心怀嫉妒的解释者帮忙；同时他也会运用全部权力来保护此书的公开讲授，从而把这一思维的真理化为实践的功用。"[①]他认为他自己扮演柏拉图的角色，在寻找一位会采纳这个新的真理、用它来教导人民的国王。教育人民是他的规划的一个实质的部分。霍布斯不依靠统治力量来镇压宗教运动；他明白，公共秩序要名副其实，唯有人民自由地接受它，而自由地接受要成为可能，唯有人民认为服从公共的代表是他们在永恒法下的义务。如果人民对这一法律昧然无知，他们会认为惩治造反是一种"敌对行为；当他们认为自己具有足够力量时，就会力图以敌对行为来规避这种敌对行为"。因此他宣布，主权者有义务以适当的信息弥补他的人民的无知。要是做了这一点，或许有希望，他的这些原理会"使国家的结构除开受

① 托马斯·霍布斯：《利维坦》，第 31 章，第 241 页。

外在暴力的作用以外永远存在”。[①]然而，由于这个想法，即通过传播一个新的真理来消除历史的紧张，霍布斯暴露了他自己的灵知主义的意图；企图把历史冻结于一个永远存在的国家结构，是打算 161
把历史冻结于一个此地上的永远存在的最终王国这一广义的灵知主义企图的一例。

发明一个永远存在的国家结构来解决历史的麻烦，这个想法只有在如下条件下才是有道理的：这些麻烦的根源亦即灵魂的真理已不再鼓动人心。通过抛弃人类学的真理和救赎论的真理，霍布斯确实简化了政治生活的结构。就一个想要和平的人而言，这是一种可以理解的渴望；要是没有哲学和基督教，事情肯定会变得更简单。但是，如何能在不消灭属于人之本性的超越经验的情况下把它们处理掉？霍布斯也非常擅长解决这个问题；他创造了一个没有这种经验的人，而改进了上帝创造的人。然而，在这一点上，我们正在进入灵知主义者的梦想世界的高等境界。这个更进一步的霍布斯式的事业必须置于西方危机的更广阔的语境中来理解；这是这些讲座的最后一部分的任务。

① 托马斯·霍布斯：《利维坦》，第30章，第220页及以下诸页。

162 # 六、现代性的终结

1

霍布斯已经看到，缺少一套公民神学，是清教危机期间祸害英格兰国家的灾难的根源。卷入内战的各种团体过于笃信天堂，执意让公共秩序代表超越真理的正确类型，以至于现存的社会秩序
168 大有在混战中化为齑粉之虞。这当然有利于重新发现柏拉图的创见，就是一个社会在能够奢谈代表灵魂真理之前，必须是作为一个有秩序的小宇宙而存在，必须是作为宇宙秩序的一个代表而存在。代表基督教意义上的灵魂真理是教会的功能，而不是公民社会的功能。如果多个教会和教派开始为了控制公共秩序而展开斗争，而它们当中没有一个强大到可以取得无可争辩的胜利，那么逻辑的结果只能是，通过现存的公共代表的权威，它们都将被贬斥到社会中的私人联合的地位上。这个存在问题在这些讲座中提到过几次；在陈述和评价霍布斯关于人的观念以前，有必要对之作一总结性的阐述。我们的分析自然要从已取得的论点开始。

基督教肇兴以来就已留下一个去神化的政治存在的自然领域的真空。在罗马帝国晚期和西方早期的政治建设中，只要帝国的

神话没有被民族王国的巩固所严重地扰乱,以及只要教会是西方
社会演化中的主导性的文明化因素,从而基督教可发挥公民神学
的功能,这个真空就不会成为麻烦的主要根源。然而,一旦文明的 163
饱和度到达了某一个点,当宫廷和城市里形成了许多世俗文化的
中心时,当能干的俗人在王室行政和城市政府中增多时,那么十分
明显的是,历史存在中的一个社会的诸多问题,不会被对世界末日
的等待所穷尽。从一个新的角度看,灵知主义在这个关节点上兴
起,似乎是西方公民神学的早期形成过程。基督教末世的内在化,
使得在社会自然存在中赋予社会以一种意义成为可能,基督教对
此是拒绝的。我们时代的极权主义必须被理解为灵知主义寻找公
民神学之旅的终点。

然而,灵知主义在公民神学方面的实验却充满了危险,这源于
灵知主义作为一种基督教派生物的杂交特质。这些危险的第一种
已经讨论过。那就是灵知主义的一种倾向,不是补充灵魂的真理
而是取代灵魂的真理。灵知主义运动并不满足于填补公民神学的
真空;这些运动想要废除基督教。在灵知主义运动的早期阶段,攻
击还被伪装成基督教的灵化或改革。在后来的阶段中,随着更加
激进的末世的内在化,它开始公然地反基督教。随之而来的是,灵
知主义运动扩散到哪里,它们就在哪里摧毁了敞开灵魂的真理;已
通过哲学和基督教所获得的分殊化的实在的整个领域被摧毁了。
再说一遍,有必要记住,灵知主义的推进不是要回归异教。在前基
督教的文明中,因灵魂的敞开而分殊化的真理是以简密的经验的 164
形式呈现的;在灵知主义文明中,灵魂的真理并没有回归这种简密
性,而是全然受到压制。要压制灵魂中的权威性的秩序本源,是极

权主义政府在对待个体的人类时极尽残忍之能事的原因。

西方社会中的灵知主义生长的独特的、压迫性的后果，暗示了一个世界历史范围内的文明循环的概念。一个超越各单一文明之循环的大循环的轮廓逐渐显现。这个循环的顶点以基督的出现为标志，前基督教的各高级文明构成它的上升的分支；现代的灵知主义文明构成它的下降的分支。前基督教的高级文明从经验的简密性向灵魂之分殊化为感受超越的中枢推进；在地中海文明区，这个演化通过道在历史中的启示而达到了分殊化的极致。鉴于前基督教的文明向这个降临之极大值推进，它们的动向或许可称为“降临性的”。现代灵知主义文明与分殊化的趋向背道而驰，鉴于它是从最大值退却，它的动向或许可称为“退却性的”。尽管西方社会有其自身的生长、繁荣和衰落的循环，西方文明必须被视为这个更大的降临——倒退循环的衰落分支——因为在西方文明历程中产生了灵知主义。

这些反思开启了对于未来的文明动向的展望。现代灵知主义迄今未耗尽它的动力。相反，在马克思主义的变种中，灵知主义把它的影响区域极大地扩张到亚洲，而灵知主义的其他变种，诸如进步主义、实证主义和科学主义，在“西方化”和落后国家的发展的名
165 目下，渗透到了其他地区。可以说，在西方社会自身这一动力还没有耗尽，相反我们自己的“西方化”仍在有增无已。面对这一世界范围的扩张，有必要申明一个显而易见的道理：人性不变。在现代灵知主义中，灵魂的封闭能够压制灵魂的真理，以及明确地体现于哲学和基督教的那些经验，却不能从实在的结构中移除灵魂及其超越。因此问题在于：这样的压制可持续多久？当长期的重压将

导致一次大爆炸时，究竟会发生什么？问这些关于未来的动向的问题是合理的，因为它们产生于从方法上正确地运用理论来分析当代文明的一个经验上可观察的成分。但是，陷入关于这个爆炸会呈现何种形式的思考却是不合理的；也不可超出合理假定地认为，对灵知主义的反动会像它的扩张一样是世界性的。复杂因素的数量太大，以至于预言似乎是徒劳的。即使就我们西方社会而言，人们能做的也不过是指出，灵知主义尽管有其喧嚣的影响，但迄今为止并没有它自己的根据地；西方古典的和基督教的传统依然健在；建设对灵知主义一切变种的精神上的和智识上的抵抗，是我们社会里的一个重要因素；重建一门关于人和社会的科学，是本世纪后半叶引人注目的事件，如果以将来的后见之明来回顾，这或许是我们时代最重要的事件。由于许多显而易见的原因，更加无法谈论的是，在苏联帝国中还活着的基督教传统针对灵知主义可 166
能会采取的反应，以及中国、印度和许多原来的文明会采取何种方式应对灵知主义的灾难和压制的长期影响。只能在一个问题上得出一个合理的结论，就是爆炸的时间。客观的时间是何时，当然很难预测；但灵知主义含有一个自我毁灭的因素，这个因素使得如下说法至少是可能的，就是这个时间不会有人们在当前灵知主义势力的影响下所设想的时间那般遥远。这个自我毁灭因素是灵知主义作为公民神学的第二个危险。

2

第一个危险是灵魂真理的毁坏。第二个危险与第一个危险有密切联系。大家应该还记得,灵知主义的真理,由于对基督教末世的谬误内在化而遭到败坏。这个谬误不只是这个或那个思想家犯下的、有关基督教的末世的一个理论错误。在这个谬误的基础上,灵知主义思想家、领袖和信徒把一个具体的社会及其秩序解释为末世;由于他们把谬误的思想构筑应用于具体的社会问题,他们就错误地解释了内在实在的结构。对历史的末世论解释,导致一幅错误的实在图画;当错误的概念被奠定为政治行动的基础时,关于实在之结构的谬误就会具有实践上的后果。具体而言,灵知主义的错误摧毁了人类关于盛衰之节奏的最古老的智慧,盛衰的节奏是太阳底下的万事万物的命运。《传道书》说:

万事都有定期,
天下万务都有定时:
生有时,死有时。

167 然后,想到人类知识的有限性,《传道书》接着说,人的心灵不能察觉"上帝自始至终的作为"。[①] 生成之物都有终结,这一存在之流的神秘是无法洞悉的。这就是主宰存在的两大原理。然而,灵知主义关于历史理念的思辨,不仅无视这些原理,而且把它们扭曲成相反的东西。最终王国的观念设定一个即将进入存在而没有终结的社会,存在之流的神秘由于对它的目的的知识而被破解了。这么说来,灵知主义已经制造出某种类似于存在之原理的反原理的

① 《传》3:1-2 和 3:11。

东西；由于这些原理决定着信众群体对于实在的意象，因此它已创造出一个梦想世界，这个世界本身就是一种社会力量，在激发灵知主义的大众和他们的代理人的态度及行动方面具有头等的重要性。

有必要对基于有限原理的梦想世界这个现象作一些解释。若非根植于一种根本性的经验动机，它是不可能成为历史上的大规模现象的。灵知主义作为反存在的梦想世界，或许可以理解为人类普遍具有的一种经验的极端表达，这种经验是对存在的恐惧以及想要逃避它的欲望。具体而言，这个问题可以用如下的方式表述：一个社会当存在时，会把它的秩序解释为超越的存在秩序的组成部分。然而，社会的这种自我解释，亦即社会把自身解释为宇宙秩序的反映，是社会现实本身的组成部分。有秩序的社会及其自我解释是存在之流中的一个浪涛；阿基里斯的城邦及其建构秩序的正义女神是魔性失序之海的岛屿，谨慎地维持了它自身的存在。只有一个现存社会的秩序是可以理解的；它的存在本身是不可以理解的。一个社会的成功的连属化是一种在许多有利条件下成为可能的事实；这种事实在不利的环境中或许会被破坏掉，比如说由 168
于出现一个更强大的征服势力；统治着这个存在领域的，是面带微笑却让人惶惶不可终日的幸运女神（*fortuna secunda et adversa*）。这个缺乏正当或理性的危险存在是一种魔性的恐怖，即便对于最强大的心灵而言，它也是难以承受的；对于那些如果不相信自己配活着就活不下去的柔弱灵魂而言，它几乎是不可承受的。因此可以合理地推定，每个社会中都表现出不同程度的倾向，要把它的秩序的意义扩展到它的存在的事实。尤其是当一个社会有漫长而辉

煌的历史时，它的存在会被理所当然地视为万物秩序的一部分。简直无法想象，这个社会竟能不再存在；当一个巨大的符号性的毁灭降临时，比如说公元 410 年罗马被征服时，一种哀叹弥漫寰宇之地（*orbis terrarum*），认为世界末日已经到来。

所以，每个社会都表现出一种倾向，要把秩序的意义延伸到存在的事实；但在盛行的灵知主义的社会中，这种延伸被树立为自我解释的原理。这个转变，就是从一种情绪、一种以存在为当然的懒散态度向一个原理的转变，决定了一种新的行为模式。在第一种情况中，人们可以谈一种不顾实在之结构的倾向，谈散入存在之甜蜜的放松，谈公民道德的败坏，谈对显而易见的危险的盲目以及慎重其事地勉力应对它们。这正是一个时代晚期的情绪，亦即解体社会的情绪，不再愿意为社会的存在而斗争。在第二种亦即灵知主义的情况中，心理状态完全不同。在灵知主义中，无视现实是一个原则问题；在这个情况中，人们毋宁要谈一种倾向，就是要保持对存在之危险的意识，而不管它在灵知主义的梦想世界里不被允
169 许作为一种问题而存在；这个梦想也不削弱公民责任或在危急时刻勇敢战斗的意愿。对现实的态度依旧是精力充沛的和积极的，但无论现实还是现实中的行动都无法被看清；视野因灵知主义的梦想而变得模糊不清了。结果导致一种非常复杂的精神病的心灵状态，正如胡克的清教徒肖像所描绘的那样。

然而，要研究它的当代变种里的现象比在胡克时代更困难。在 16 世纪，梦想世界和真实世界，因为基督教的两个世界的符号话语，依然在术语上维持着区分。这个疾病以及其特定的变种可以容易地被诊断，因为病人自己非常清楚，新世界并不是他现实中

生活的那个世界。随着激进的内在化过程，这个梦想世界开始在术语上与真实世界相混淆；醉心于改造过的梦想世界取代现实世界，变成了醉心于这样一个世界，在这个世界里，梦想者采用了有关现实的词汇，却改变了词义，仿佛梦想就是现实。

以下例子很好地说明了这一研究的困难的性质。在古典和基督教的伦理学中，首要的美德是知识（*sophia*）或审慎（*prudentia*），因为若是没有对实在之结构，包括人之处境（*conditio humana*）的充分正确的理解，具备手段和目的的合理配合的道德行动就几乎是不可能之数。相反，在灵知主义的梦想世界里，无视现实是首要原则。结果是，许多类型的行动，在真实的世界里，由于它们所具有的种种现实效果，会被视为在道德上是疯狂的，在梦想世界里却被视为是道德的，因为它们意欲达到一种完全不同的效果。意欲达到的效果与现实效果之间的差距，将不是被归咎于灵知主义者的不道德，即罔顾实在的结构，而是被归咎于其他人或社会的不道 170
德，即没有根据梦想的事业和效果的概念采取应有的行动。把道德上的疯狂解释为道德的，把知识或审慎的美德解释为不道德的，是一种难以解决的混淆。但这项任务并没有因为这些梦想者的意愿而变得便利，他们愿意把批判性澄清的努力污蔑为一种不道德的事业。事实上，从马基雅维利到当代的差不多每个体认到实在之结构的伟大思想家，都被灵知主义知识分子打上了非道德主义者的标签——更不用说自由派非常喜爱的空谈游戏，批评柏拉图和亚里士多德是法西斯主义者了。因此，理论性的困难因个人问题而加剧了。毫无疑问，灵知主义者针对批判意义的政治科学的持续不断的猛烈斥责，已经严重地影响了有关当代政治议题的公

共辩论的质量。

把梦想与现实等同作为一个原则问题，具有许多实践上的后果，这些后果看起来奇怪，却几乎不能被认为是令人惊讶的。批判地揭示历史中的因果是被禁止的；因此在政治生活中手段和目的的合理配合是不可能的。灵知主义社会及其领袖们会意识到他们的存在所面临的危险，但这些危险并不会在现实的世界里被对症下药地应对。它们毋宁说是在梦想世界里被以魔术手法应对，诸如非难、道德谴责、宣示意图、决议、诉诸人类的意见、把敌人丑化为侵略者、取缔战争、宣传世界和平和世界政府，等等。这些林林总总的魔术手法本身所表达出来的智识和道德的败坏，或许使整个社会弥漫着诡异的、幽灵般的疯人院的气氛，正如我们在当代的西方危机中所经验到的那样。

171 详尽地研究当代政治实践中的灵知主义疯癫的种种表现，不在本讲座的范围之内。我们的分析必须集中于那个最好地证明了灵知主义政治的自我毁灭之特质的症状，就是在一个时代里每个政治社会都通过其代表宣称热切地渴望和平，战争却持续不断的怪象。在一个和平就是战争，战争就是和平的时代里，为了确定这些术语的含义，有必要给出一些界定。和平意指一种暂时性的社会关系的秩序，它恰当地表达了现有势力的平衡。这种平衡或许会被许多因素扰乱，诸如一个地区的人口增加或另一地区的人口下降，有利于富有必需材料之地区的技术进步、贸易路线的变化，等等。战争意指为了重建一个平衡的秩序而使用暴力，通过压制现有势力的令人不安的增长，或通过重新调整社会关系，使得它们正确地表达现有势力的新的相对力量。政治意指通过各种灵活手

腕或通过建立令人丧胆的反作用力以消弭战争，重建势力平衡或重新校正秩序的努力。这些界定不应该看作是对诸如战争、和平和政治等令人却步的问题的最终定论，而仅仅是表明了那些主宰着当前问题之提法的规则。

灵知主义政治在如下意义上是自我毁灭的，它用来建设和平的措施会增加扰乱，而这些扰乱会导致战争。这一自我毁灭机制在我们对梦想世界的魔术手法的描写中已有所揭示。如果对平衡的最初扰乱，没有用真实世界里的恰当的政治行动来予以应对，可能就会发展到战争变得不可避免的地步。范例是纳粹运动的兴
起，最初是在德国，后来在整个欧洲大陆掌握了政权，灵知主义者 172
齐声悲鸣，对在一个进步世界里发生的这样一些野蛮和反动的事情表示义愤填膺——然而却没有伸出一个指头，适时地以最轻微的政治努力来抑制那个不断兴起的势力。第二次世界大战的前史提出一个严肃的问题：难道不是灵知主义的梦想深深地侵蚀了西方社会，以至于理性政治已变得不再可能，而战争是剩下来校正现有势力之平衡中的纷扰的唯一手段吗？

不幸的是，战争之举措及其后果会加强这种恐惧，而不是缓解它。如果说一场战争毕竟有一个目的，那么其目的在于重建势力平衡而不是加剧纷扰，亦即减少不平衡性的多余势力，而不是摧毁势力以制造一个新的不平衡的权力真空。相反，灵知主义政客已把苏联军队部署在易北河，同时却解除了德国和日本的武装，遣散了我们自己的军队。这些事实平淡无奇，然而人们或许没有充分地意识到，在人类历史上，以前从未有一个世界强权，故意地利用胜利来达到创建一个对于自己不利的权力真空的目的。再说一

遍，正如前文中所说，有必要提醒人们注意，这种规模的现象不能用无知或愚蠢来解释。这些政策是作为原则问题来追求的；这些政策的根据是灵知主义的梦想关于人性的设定，关于人类朝着和平与世界秩序的神秘进化的设定，关于抽象地建立一个与现有势力场域无关的国际秩序的可能性的设定，关于军队是战争的原因，而不是那些建立军队并使军队行动的势力和集团是战争的原因的设定，等等。以上列举的一系列行动以及它们所基于的梦想设定似乎表明，至少与现实的接触糟糕地遭到破坏，而梦想世界的病态
173 代入是相当有效的。

此外应当注意到，一个强权创建一种不利于其自身的权力真空，这个独特现象是与另一个同样独特的现象相伴随的，就是一场战争在军事上的结束并不是以和平条约而告终。这进一步的扰乱现象仍然不能用需要解决的问题的变幻莫测的复杂性来解释。这还是由于，对梦想的沉醉导致灵知主义社会的代表们不能制定出将实在之结构纳入考量的政策。绝不可能有和平，因为这个梦想不可能被转化为现实，而现实尚未击碎梦想。当然，没有人能够预言，是什么暴力的噩梦会击碎这个梦想，更没有人能够预言，西方社会在这黑夜尽头（*au bout de la nuit*）会是什么样子。

所以说，灵知主义政治是自我毁灭的，它罔顾实在之结构，导致持续不断的战争。这个战争链条的系统只可能以两条道路告终。它要么导致非人类理性所能想象的恐怖的肉体毁灭以及随之而来的社会秩序的天翻地覆的变化；要么由于世代的自然变化，导致在最坏的结果发生之前人们就抛弃了灵知主义的梦想。在这个意义上应该明了，前面已暗示过，灵知主义的终结或许比人们一般

所认为的还要近在眼前。

3

对灵知主义作为西方社会的一种公民神学的危险的这番考察，或许会引起某种疑虑。我们的分析确实只是完全适用于流行于西方民主政体里的那些进步主义的、理想主义的变种；它并不同样地适用于流行于极权主义帝国的那些激进主义的变种。就目前的困境而言，不管进步主义者和理想主义者须承担哪部分责任，内在化之危险的最恐怖的来源似乎还是激进主义者。因此，这两种 174
危险的密切联系有必要予以澄清——鉴于两个灵知主义变种的代表是世界舞台上的敌对战争的双方，就更加如此了。对这个深层问题的分析，可以恰当地用一个著名的自由派知识分子关于共产主义的声明来作为引言：

> 当列宁追求的目标是要把他的天堂建在地上，要把他的信仰的准则写在全人类的内心世界时，他当然是对的。当他承认和平的先声是战争，无数代人的传统不可能一朝一夕被改变时，他当然也是对的。[①]
>
> 用来建设那个传统的任何超自然宗教的力量已经逝

① 哈罗德·J. 拉斯基(Harold J. Laski)：《信仰、理性与文明：一篇历史分析的论文》(*Faith, Reason, and Civilization: An Essay in Historical Analysis*)，纽约：维京出版社，1944 年，第 184 页。

> 去；自笛卡尔以降的科学研究的积淀对其权威构成致命威胁。所以很难看出，除了俄国革命的理念所赖以成立的那个基础之外，文明传统还能在什么基础上被重建起来。除了超自然基础之外，它与基督教成为西方的官方宗教时所处的思想氛围极为类似。①
>
> 在某种意义上的确可以证明，俄国的原则比基督教的原则影响更为深刻，因为它是通过对此生的满足来为群众寻找救赎，并因而下令革新我们所知道的真实世界。②

寥寥几段对话就能清楚地揭示我们时代的自由派知识分子的困境。哲学和基督教超出了他们的经验范围。科学，除了是一种征服自然的有力工具以外，还是某种让人精明得不信仰上帝的东西。天堂将在地上建起来。自我救赎——这一灵知主义的悲剧，尼采对之有完全的经验，直到它击垮了他的灵魂——是一种生命
175 的满足，这种满足会降临到每个人头上，每个人都觉得他在尽他的能力为社会做贡献，获得每周的薪水的酬劳。除了群众的内在满足以外，人在社会中的存在已不存在任何问题。政治分析会告诉你，谁将成为赢家，因此知识分子能够适时地晋升到共产主义帝国的宫廷神学家的地位。如果你足够聪明，那么你会追随他在未来之海上乘风破浪。这种情况在今天已是众所周知，毋庸赘言。这

---

① 哈罗德·J. 拉斯基：《信仰、理性与文明：一篇历史分析的论文》，第 51 页。

② 同前，第 143 页。

就是小保惠师的情况，他们的精神激动不安，他们觉得有义务扮演公共角色和成为人类导师，他们真诚地用他们的信念取代了批判知识，而且怀着相当的良知表达他们对于那些超出他们理解范围之外的问题的意见。此外，人们不应该否认自由主义向共产主义的这种转变的内在的一致性和真诚；如果自由主义被理解为对人和社会的内在救赎，那么共产主义就是它的最彻底的表达；这种演化，早已被密尔的如下信仰所预见，就是适于人类的共产主义终将来临。

我们可以用更学术的语言把这个问题表述如下。内在化的三个变种——目的论的、价值论的和激进主义的——不仅是三个并列的类型，而且从机制上说是相互关联的。在每一波的灵知主义运动中，进步主义的、乌托邦主义的变种倾向于形成一个政治的右翼，以渐进演化来实现最终的完美，并在成就和理想之间的紧张上妥协，而激进主义的变种倾向于形成一个政治的左翼，采取暴力行动来彻底实现理想的王国。信众从左到右的分布，部分地取决于 176
个人的狂热、性情和忠诚；另外或许更重要的是取决于他们与灵知主义革命在其中发生的那个文明环境的关系。必须永远不要忘记，西方社会并不是全然现代的，毋宁说现代性是它内部的一个产物，与古典和基督教的传统相对立。如果西方社会里只有灵知主义，那么向左的运动就是不可抗拒的，因为它存在于内在化的逻辑，而且它早已经完成了。然而事实上，过去那些伟大的西方革命，在合乎逻辑地左转以后，所奠定的公共秩序却反映的是运动的诸社会势力的平衡以及它们的经济利益和文明传统。或许有一种担忧或希望，认为过去的部分革命会被继之以彻底革

命以及最终王国的建立，这种担忧或希望有赖于如下假定，就是西方社会的传统如今已被摧毁殆尽，那些著名的人群已做好杀戮的准备。①

因此，灵知主义沿着两条路线运动。在历史纵深的维度，灵知主义从中世纪盛期的部分内在化朝当前的激进内在化运动。随着每一个浪潮和革命性的爆发，它都是在右和左的振幅中运动。然而，认为这两条动态线现在必然因为它们的内在逻辑而相交，西方社会已经成熟，足以建设共产主义，西方历史的进程取决于它的现代性的逻辑而非其他，这种论点却是灵知主义的一种粗鲁无礼的宣传，极尽愚蠢与恶毒之能事，当然与一种关于政治的批判性研究
177 毫不相干。要反驳这种论点，必须坚持许多事实，由于公共辩论被自由主义的陈词滥调所主导，这些事实今天已是晦暗不明。第一，西方社会自身的共产主义运动，只要它须依赖于它自身对群众的吸引力而没有来自苏联的援助，它就根本不会有任何进展。唯一取得了一定程度的成功的灵知主义激进运动，是在一个有限的民族基础上的纳粹运动；这种激进主义之成功的自杀性质，充分地被这个政权的糟糕透顶的内部腐败所证实，同时被德国城市的毁灭所维持。第二，目前西方面临苏联威胁的困境，就这一困境是由于前述权力真空的创建而言，并不是共产主义者造成的。这个权力真空是西方民主政府在军事胜利的顶点上自愿创建的，没有受到任何人的压力。第三，苏联是一个在欧洲扩张的强权，这与共产主

① “部分革命”与“彻底革命”的概念是马克思在《黑格尔法哲学批判导言》(1843)中提出的。

义无关。目前苏联帝国在卫星国家的扩张实际上是根据一个俄国霸权下的斯拉夫帝国的规划进行的，巴枯宁就曾经给尼古拉一世提交过类似的规划。大可想象，一个非共产主义的俄国霸权帝国会像苏维埃帝国那样扩张，而且会更危险，因为它可能会更巩固。第四，苏维埃帝国尽管是一个可怕的强权，在物质力量方面却对西欧没有威胁。初步的统计数据表明，西方的人力、自然资源和工业潜力足以同苏维埃所能调集的任何力量相抗衡——还不算我们幕后的力量。确切地说，危险来自于民族特殊主义、软弱无力的知识分子和道德上的混乱。

因此，共产主义的危险这个问题，须回溯到由于灵知主义的梦
想而造成的西方的瘫痪和自我解构的政治这个问题。前面引用的 178
那些段落说明了麻烦的根源。从右滑向左的危险，是这个梦想的本质中所固有的；由于共产主义是一种比进步主义和社会乌托邦主义更彻底、更具融贯的内在化类型，因此它这一方具有“心的逻辑”（*logique du coeur*）。西方的灵知主义社会正处于一种智识和情感的瘫痪状态，因为不同时轰掉右翼的灵知主义，任何对左翼灵知主义的根本性批判都是不可能的。这样一些重大的经验的、智识的革命，需要至少一代人的时间和改变。现在能做的仅仅是指出这一问题的条件。由于西方社会的公共辩论被灵知主义的陈词滥调所主宰，外部环境对于潜在的共产主义的威胁极为有利。就是说，这正是由于对实在之结构的认识，对智慧和审慎之美德的培育，智识的训练，以及理论文化和精神生活的发展，在公共领域中被污蔑为“反动”，而不顾实在之结构，对事实的无知，荒谬地建构历史和伪造历史，对真诚信念之基础发表不负责任的意见，哲学

盲，精神上的迟钝，以及不可知论的诡辩，被认为是人的美德，拥有它们便是开启了公共领域的成功之门。简言之，这正是由于文明是反动，而道德上的疯癫是进步。

4

灵知主义作为西方社会的公民神学的功能，它对灵魂真理的毁坏，它对存在问题的无视，已充分详细地陈述如上，足以弄清这个问题的致命意义。我们的探究现在可以回到那个发现了灵知主
179 义的本性、试图用其代表理论来解决它的伟大思想家身上了。在17世纪，英格兰民族政治社会的存在，似乎面临着被灵知主义革命者摧毁的危险，正如今天在一种更大的规模上，同样的危险似乎威胁着整个西方社会的存在。霍布斯试图应对这个危险，办法是发明一种公民神学，使存在中的一个社会的秩序，成为该社会代表的真理——在这个真理之外，不可持有其他真理。这是一个极有道理的想法，因为它把全部的重心置于一直被灵知主义者极端忽视的存在。然而，这个想法的实践价值有赖于如下假定，在人类经历了哲学和基督教的经验以后，人们试图在他们的社会里代表的超越真理，是可以被忽视的。灵知主义者不想让社会存在，除非社会秩序代表某种特定类型的真理；霍布斯反其道而行之，认为任何秩序都代表真理，只要它能确保社会存在。为了使得这种概念合理，他不得不创造出他关于人的新观念。人的本性将不得不在存在本身中寻找圆满——人的超越存在的目的被否定了。霍布斯用一种极端的存在的内在性，来反驳那危及存在的灵知主义末世的

内在化。

这一努力的结果是矛盾的。为了坚持他反对那些战斗教派和宗派的立场，霍布斯不得不否认如下看法，他们的狂热是出自探索真理的灵感，只不过误入了歧途。他们的斗争必须从内在的存在方面被解释为他们的权力欲望的一种恣意任性的表达，他们公开表明的宗教关怀必须被揭露为一种掩盖其存在欲的面具。在展开这一分析时，霍布斯真是所有时代最伟大的心理学家之一，他在揭示宗教狂热背后的统治欲（*libido dominandi*）以 180

及改造唯心主义方面的成就，在今天仍然像在他写作的时代那样坚如磐石。然而，这一辉煌的心理学成就是以沉重的代价换来的。霍布斯正确地诊断出清教灵知主义者的宗教虔诚中的激情的败坏成分。然而，他并没有把激情解释为精神生命中的腐败之源，而毋宁说是把精神生命解释为存在激情的极致。因此，他无法从通过超越经验而获得的最大限度的分殊化的优势地位来解释人性，从而能够看出激情，尤其是根本性的激情——骄傲——是从真正的本性中堕落的永远存在的危险；相反，他不得不把激情的生命解释为人的本性，以至于精神生命的现象看起来像是骄傲的极致。

根据这个概念，人的天性必须根据人类的激情来研究；激情的对象并不是研究的合理对象。[①] 这是与古典和基督教的道德哲学根本对立的立场。亚里士多德的伦理学始于行动的目的，并根据一切行动取向一个最高的目的——至善（*summum bonum*）——的

① 托马斯·霍布斯：《利维坦》，“导读”，第 6 页。

坐标系来考察人类生活的秩序;相反,霍布斯坚持认为,并没有什么至善,“就是旧道德哲学家的书中所谈的那种东西”。[①] 然而随至善一起消失的,是来自人类生活的秩序之源;秩序之源不仅来自个体之人的生活,而且来自社会中的生活;因为,正如大家还记得,共同体中的生活秩序有赖于亚里士多德和基督教的意义上的和谐(*homonoia*),亦即有赖于对共有的努斯的参与。因此,霍布斯面临着从孤独的个人中创建社会秩序的问题,这些个人并不以一个共同的目的为取向,而只是受他们个人的激情所驱使。

181 这种建构的细节已是众所周知,这里只需指出要点就够了。在霍布斯看来,人类幸福就是欲望从一个对象到另一个对象的不断发展。人的欲望对象“不是在一顷间享受一次就完了,而是要永远确保达到未来欲望的道路”。[②] “我首先提出的一种全人类共有的普遍倾向是,得其一思其二、死而后已、永无休止的权力欲。”[③] 一群人并不就是一个共同体,而是一个由相互竞争所驱动的开放的权力场域。竞逐权力的初始动机,由于竞争者的猜疑和对成功地胜过他人的荣耀的渴求而变本加厉。[④] “我们必须认为,这个竞赛没有别的目的,没有别的奖赏,唯一的目的就是成为第一。”在这个竞赛中,“不断被人超过是苦,不断超过别人是乐,而离开赛道则

① 托马斯·霍布斯:《利维坦》,第 11 章,第 63 页。

② 同前,第 11 章,第 63 页。

③ 同前,第 11 章,第 64 页。

④ 同前,第 13 章,第 81 页。

是死”。[1] 骄傲是因比较而变得强烈的激情。[2] 这种骄傲或许会呈现出各种形式，其中在霍布斯看来对于政治分析最重要的是拥有神圣灵感的骄傲，或许更一般地说，就是拥有无可置疑的真理的骄傲。这种骄傲过分就是疯狂。[3] “如果疯人院里有一个人和你娓娓清谈，条理井然；告别时你想知道他是什么人，以便下次回访，他竟告诉你他是上帝圣父，我想你就无需再等待狂妄过激的行动来说明他的疯狂了。”[4]如果这种疯狂变得暴力，而灵感的拥有者试图把它强加于其他人，在社会中就会导致“一个陷入动乱的民族的煽动性的喧嚣”。[5] 182

由于霍布斯不承认灵魂中的秩序之本源，灵感只能通过一种激情来祛除，这种激情甚至强于成为一个保惠师的骄傲，就是对死亡的恐惧。死亡是最大的恶，如果说生命不能通过灵魂之趋向至善而被赋予秩序，那么秩序就要通过对至恶（*summum malum*）的恐惧而被促成。[6] 出于相互恐惧，就产生了通过契约服从统治者的意愿。当契约各方同意拥有一个政府，他们就会“把大家的权力和力量都托付给一个人或一个多人组成的会议，这个人或会议可

---

① 托马斯·霍布斯（Thomas Hobbes）：《自然法与政治法原理》（*The Elements of Law, Natural and Politic*），费迪南德·滕尼斯（Ferdinand Tönnies）编，剑桥，1928年，第1部分，第9章，第21节。

② 托马斯·霍布斯：《利维坦》，第8章，第46页。

③ 同前，第8章，第46—47页。

④ 同前，第8章，第47—48页。

⑤ 同前，第8章，第47页。

⑥ 托马斯·霍布斯：《论人》（*De homine*），第11章，第6节；《论公民》（*De cive*），第1章，第7节。关于以死亡恐惧为至恶的问题，参看列奥·施特劳斯（Leo Strauss）：《霍布斯的政治哲学》（*The Political Philosophy of Hobbes*），牛津，1934年。

以通过多数意见把大家的众多意志转化为一个意志”。[①]

霍布斯极为敏锐地领会到，他按照17世纪的传统所使用的契约论的符号话语，并不是问题的本质。在一个主权者之下联合成为一个国家，这种联合可以用法律的形式来表达，但从本质上说，这是联合者们的一种心理上的转变。霍布斯关于一个政治社会进入存在之过程的设想，与福蒂斯丘关于透过人民的迸发来创造一个神秘身体（*corpus mysticum*）的设想十分接近。立约者们并不是创建一个代表他们个人的政府；在契约行为中，他们不再是自我统治的人，而是将他们的权力动机融入一个新的人格，亦即国家。这个新的人格承担者，它的代表，是主权者。

这一建构需要对“人”一词的含义进行一些区分。“所谓人，他的言行要么被认为是他自己的，要么被认为是代表他人的言行，或

183 任一事物的言行。”当他代表他自己，他是一个自然人；当他代表他者，他被称为一个人造的人。人的含义回溯至拉丁文“*persona*”和希腊文“*prospon*”，意为面孔，外表或舞台上的演员的面具。“所以无论在舞台上还是在日常谈话里，人的意思与演员的意思是一样的。假扮就是扮演或代表他自己或其他人。”[②]

这个关于人的概念使霍布斯可以把代表者的言行的可见领域与灵魂里的不可见的过程领域相分离，以及由此认为，可见的言行，亦即必须是那些确定的、有形的人类的言行，可以代表在个体的人们的灵魂互动中发生的心理过程的一个单元。在自然状态

① 托马斯·霍布斯：《利维坦》，第17章，第112页。

② 同前，第16章，第105页及以下诸页。

下，每个人都拥有他自己的人格，他的言行代表他的激情的权力动机。在政治状态下，众多的人类激情单元被打破，融入一个新的单元就是所谓的国家。其灵魂已经联合的那些单独的人类个体的行动，并不能代表这个新的人格；他的承担者是主权者。霍布斯坚持认为，创造这个国家的人格，并不像契约论的语言所暗示的那样是“同意或协调”。众多单个的人格不再存在，而是融入一个主权者所代表的人格。“这就是伟大的利维坦或者（用更尊敬的方式来讲）有朽的上帝的诞生，我们在不朽上帝之下获得的和平与安全保障就是从他那里来的。”立约者们一致同意“把自己的意志服从于他的意志，把自己的判断服从于他的判断”。这种意志的融合是“他们大家真正的统一”；因为这个活的上帝“能够运用托付给他的巨大权力和力量，凭借其威慑，他能够组织大家的意志，对内谋求和平，并互相帮助以抗御外敌”。[①]

这个建构的风格是恢弘壮丽的。如果人的本性被设定为不过是激情性的存在，完全缺乏灵魂的秩序本源，那么对毁灭的恐惧就确实是一种凌驾于一切的激情，迫使人们服从秩序。如果骄傲不能屈服于正义或通过恩典而获得救赎，那么它必须被“一切骄傲孩子的王”利维坦击碎。[②] 如果灵魂不能参与逻各斯，那么把恐怖注入灵魂的主权者就是“国家的本质”。[③] “骄傲之王”必须击碎那并不能因爱上帝（*amor Dei*）而得以缓和的自爱（*amor sui*）。[④]

---

① 托马斯·霍布斯：《利维坦》，第 17 章，第 112 页。

② 同前，第 28 章，第 209 页。

③ 同前，第 17 章，第 112 页。

④ 同前，第 18 章，第 209 页。

5

菲奥雷的约阿希姆已创建了一个主宰整个现代政治运动的自我解释的符号集合，霍布斯创建了一个类似的集合，表达了现代政治中的激进的内在性的成分。

这些符号的第一个或许可称为新的心理学。它的性质，最好是通过把它与它所从出的奥古斯丁的心理学相联系起来界定。圣奥古斯丁区分了灵魂的两个组织性的意志中心，自爱与爱上帝。霍布斯抛弃了爱上帝，他的心理学仅只基于自爱，用他的话来说就是个人的自负或骄傲。霍布斯把爱上帝从对心灵的解释中剔除，完成了一个至少可以回溯至12世纪的发展过程。随着自立的个人在社会舞台上的出现，这种新型的人及其为了取得超越其身份

184 的公共成功而进行的奋斗开始引人注目。事实上，索尔兹伯里的约翰(John of Salisbury)在《论政治家》中就以近似于霍布斯的方式对之作了描述。① 随着中世纪晚期和宗教改革时期的制度巨

① 索尔兹伯里的约翰：《论政治家，一题廷臣琐谈，步哲人后尘八书》(*Policraticus, sive de nugis curialium et de vestigiis philosophorum libri octo*)，克莱门特·C. J. 韦布(Clement C. J. Webb)编，牛津，1909年。以下的这些话引自《论政治家》的英译本(*The Statesman's Book of John of Salisbury*)，约翰·迪金森(John Dickinson)译，纽约：克诺普夫，1927年。人若是昧于自己的真正地位、昧于自己对上帝所应有的忠顺，就会"渴望一种虚假的自由，徒劳地想象他能够活得无所畏惧，能够恣意行乐而不受惩罚，简直就像是上帝一样"。(viii. 17)"尽管不是人人注定会握有达官贵胄的权柄，但是全然不受暴虐熏染的人却凤毛麟角，或许压根没有。在日常用语中，暴君是一个以暴力权势压迫全体人民的人；但并非只有面对举国上下，人才能成其为暴君，即便在最卑微的处所，人亦能如此。虽不能把自己的权势加诸全体人民，但每个人会在其权力所及之范围作威作福。"(vii. 17)甚至是霍布斯的竞赛的比喻，也能在约翰那里找到："人人都参与这场竞赛，到达终点时，他们当中得到奖品的，是那个在这场雄心壮志的竞赛中比其他人身手更矫健、跑得比彼得或基督的其他门徒还要快的人。"(vii. 19)

变,这个类型开始变得尤其普遍,以至于它似乎就是人的“正常”类
型,并变成一个人们普遍关切的问题。霍布斯的心理学作品,在他 185
同时代有帕斯卡尔的心理学与之相辉映,尽管帕斯卡尔保留了基
督教传统,把只受激情引导的人描写为已沦为这种或那种欲望的
牺牲品的人。在同一时代的拉·罗彻福科尔德那里,也开启了“世
人”的心理学,“世人”就是受自恋(*amour-propre*,奥古斯丁笔下的
自爱)驱动的人。其民族的支流为法国道德学家和小说家的心理
学,英国人的关于快乐—痛苦、联想主义和自利的心理学,为了表
明这一现象的无所不在,或许还要想到德国人通过浪漫主义者的
无意识心理学和尼采的心理学对它进行的丰富。一种特别“现代”
的心理学作为“现代”人的经验心理学发展起来,就是在智识上和
精神上迷失了方向,因此主要是被自身的激情所驱使的人的心理
学。这里有必要引入取向心理学与动机心理学的术语,以便分清
楚一门关于健康心理的科学,就是柏拉图意义上的健康心理,其中
灵魂的秩序是通过取向超越而建立起来的,与一门关于迷失了方
向的心理的科学,这种心理必须通过各种动机的平衡来建立秩序。186
从这个意义上讲,“现代的”心理学是一种不完整的心理学,因为它
只是探究一种特定的精神病类型的人。

第二个符号涉及关于人本身的理念。由于迷失方向的类型因其在经验中的常见性而被理解为正常的类型,从而发展出了一门哲学的人类学,里面把病态解释为“人的本性”。因为时间关系,我们不能更深入地讨论这个问题。只需指出连接当代的存在主义者与 17 世纪的第一批存在哲学家的那条线索就够了。批判这种内在性存在的哲学应该说些什么,原则上柏拉图在他的《高尔吉亚》

里已说过了。

最后，第三个符号是特别属于霍布斯所创造的利维坦。如今它的意涵几乎是不可理解了，因为这个符号已在绝对主义的黑话下窒息了。前面的阐述想必已清楚地表明，利维坦是秩序与灵知主义行动者的失序的关联物，沉溺于自身的骄傲以至陷入内战的极端。利维坦不能等同于历史上的绝对君主制政体，当时的保皇党人很清楚地知道这一点，他们对霍布斯的疑忌是相当有道理的。这个符号也不能等同于象征终极完美王国这个层面上的极权主义。毋宁说，它勾勒出极权主义中的一个成分，当一群灵知主义行动者在一个历史上的社会里事实上取得了对存在上的代表权的垄断时，这个成分就会出现。胜利的灵知主义者们既不能改造人性，

187 也不能建立地上的天堂；他们实际上建立的是一个全能的国家，这个国家残酷无情地消灭一切反抗的火种，而首先要消灭的就是令人厌恶的灵知主义者本身。就我们对于诸极权主义帝国的经验而言，它们的特色是消灭关于它们声称自己所代表的灵知主义真理的争论。纳粹一旦上台掌权就镇压关于种族问题的争论；苏联政府禁止马克思主义的争论与发展。霍布斯的原则，就是《圣经》的正确性应该取决于政府的裁断，《圣经》的公开教诲应该经过主权者的审查，被苏联政府在把共产主义简化为“党的路线”的过程中付诸实施。党的路线可以变更，但解释的变更是由政府来决定的。关于宝书著作的意义，固执己见的知识分子会受到清洗。先前的灵知主义思想家们自由地制造出来的灵知主义真理，现在被纳入内在性存在中的公共秩序的真理的渠道。因此，利维坦是灵知主义的行动者实现了他们梦寐以求的自由王国时，实际上会落在他

们头上的命运的符号。

6

利维坦这个符号是一个英国思想家在应对清教的危险时提出来的。然而，在主要的欧洲政治社会中，却数英国最能抵抗灵知主义的极权主义；或许可以说美国也是如此，而美国正是由引起霍布斯的恐惧的清教徒所建立的。对于这个问题，有必要说上几句作为总结。

必须从灵知主义的动向中寻找解释。我们反复提醒大家记住，现代性是西方社会内部的一种生长，同地中海的传统相竞争； 188
而且大家要记住，灵知主义本身经历了一个激进化的过程，就是从中世纪的圣灵的内在化、让上帝留在他的超越领域，到后来对末世的激进的内在化，正如后来在费尔巴哈和马克思那里看到的那样。灵知主义对西方文明的侵蚀是一个延伸了一千多年的缓慢过程。几个西方社会如今由于它们的民族革命发生的时机而与这个缓慢过程有了一种不同的关系。如果革命发生的时间较早，那么不太激进的灵知主义浪潮是它的载体，与此同时，传统势力的抵抗就更为有效。如果革命发生的时间较晚，那么一个更激进的浪潮是其载体，传统的环境因为现代性的普遍推进而被更深地侵蚀。英国革命发生于 17 世纪，彼时灵知主义尚未经历其激进的世俗化。大家已经看到，左翼清教徒急切地要表明自己是基督徒，尽管是一种特别纯粹的类型。当达成 1690 年的调整方案时，英国已然保留了贵族议会制的制度文化以及基督教国家的道德风尚，如今它们正

式被认可为国家制度。美国革命，尽管它的争论已受到启蒙心理学的强烈影响，却也幸运地在旧制度（*ancien régime*）的制度氛围和基督教的氛围之内终结。后来在法国大革命中，灵知主义的浪潮是如此强大，以至于它持久地把该民族分裂为政权还俗派和保守派，前者以革命为基础，后者则试图挽救基督教传统。最后，德国革命在一种缺乏强大的制度传统的环境中，首次充分发扬了经
189 济的唯物主义、种族主义的生物学、败坏的心理学、科学主义和技术的冷酷无情——一言以蔽之，没有约束的现代性。因此，作为一个整体的西方社会，是一个深度分层的文明，其中美国和英国的民主代表最古老的、最稳固结合的文明传统的层次，而日耳曼地区代表它的最日益现代的层次。

在这个形势下，尚有一丝希望之光，因为与此同时，美国和英国的民主，在其制度中极坚实地代表灵魂的真理，是实存中最强大的势力。但是，要让这丝微光燃烧为熊熊火焰，需要我们竭尽全力，抑制灵知主义的败坏，恢复文明的力量。在目前，命运仍是未知之数。

索　引

（本索引所涉页码均为原书页码，即本书边码）

图书在版编目(CIP)数据

新政治科学/(美)埃里克·沃格林著;段保良译. —北京:商务印书馆,2024
(汉译世界学术名著丛书:120年纪念版:珍藏本:增订本)
ISBN 978-7-100-23765-9

Ⅰ.①新… Ⅱ.①埃…②段… Ⅲ.①政治学—研究 Ⅳ.①D0

中国国家版本馆CIP数据核字(2024)第112240号

汉译世界学术名著丛书
(120年纪念版·珍藏本·增订本)
新政治科学
〔美〕埃里克·沃格林 著
段保良 译

商务印书馆出版
(北京王府井大街36号 邮政编码100710)
商务印书馆发行
北京市十月印刷有限公司印刷
ISBN 978-7-100-23765-9

2024年5月第1版 开本710×1000 1/16
2024年5月北京第1次印刷 印张13¼
定价:72.00元